ADIA ANALYZE

아부다비
투자청
대해부

ADIA ANALYZE

아부다비 투자청 대해부

임은모 지음

이담 Books

프롤로그

세계의 금융 메카는 뉴욕의 월가다. 런던의 더 시티가 뒤를 잇는다. 다음은 상하이 푸동 지구의 금융센터와 홍콩 웨스트 카우룽의 국제상업센터(ICC)가 차지하고 있다. 누구나 잘 아는 사실이다. 하지만 뭉칫돈의 향방에 관해서는 의견이 엇갈린다. 왜일까?

전 세계 펀드매니저들이 이구동성으로 여기에 이의를 달고 있다. 2008년 9월 글로벌 금융위기 이후 뭉칫돈의 흐름이 미국과 유럽을 벗어나 신흥시장으로 모이고 있기 때문이다. 2011년을 열기 바쁘게 이 뭉칫돈은 국부펀드와 합세하여 상하이와 홍콩을 통해 중국이라는 블랙홀로 흡인되는 분위기가 역력했다. 세계의 경제지표와 돈의 흐름, 글로벌 파이낸스 시프트 등이 일렬종대로 중국 러시에 동승하는 분위기를 연출하면서부터 생긴 변화다.

2010년 9월 중국농업은행이 실시한 기업공개(IPO)에 모인 221억 달러가 그 대표적인 사례다. <파이낸셜타임스>는 세계 국부펀드 규모가 4조 달러에 이르렀고 오는 2015년에는 그 규모가 15조

달러에 달할 수 있다고 밝혔다. 최근의 국부펀드 명분론이 해외 에너지자원 확보에 따른 수요급증과 무관하지 않을 터다. 하긴 세계적인 국부펀드들은 이번 글로벌 금융위기를 거치면서 많은 손실을 떠안았다. 폐쇄적인 기금운용에 의한 선진국의 곱지 않은 시선에서 자유롭지 못했고 적잖이 질타를 받기도 했다.

산티아고 원칙과 바젤III

2008년 10월 산티아고 원칙에 합의한 국부펀드들은 구각(舊殼)을 깨고 서서히 비밀주의에서 벗어나 새로운 투자패턴을 찾아가기 시작했다. 기존의 투자 포트폴리오의 변화는 물론 외부위탁 기관의 비중을 줄이고 내부기관의 운용을 통한 수입 증대에 더 밀착하고 있는 것이다. 여기에 오는 2013년부터 시행예정인 바젤Ⅲ이 가시화되면 국부펀드의 변신은 우리의 주목의 대상이 된다.

특히 세계 최대의 국부펀드 운용사인 아부다비투자청(ADIA)은 예전과는 다른 패턴을 보여주고 있다. 정동정(靜動靜) 모드에서 공격적인 모드로의 진입과 함께 질적 수입을 지향하면서, 이를 국부펀드가 가야하는 길로 방향을 잡고 도시국가 아부다비의 미래를

준비하는 모습이 옛날과 사뭇 달랐다. 또한 국부펀드 운용을 통해 미래설계(Future Planning)를 지향하는 모습이 역력했다. ADIA의 통계자료에 따르면 금융위기 이전의 기금운용금은 8,750억 달러였으나 위기를 겪으면서 6,270억 달러로 감소하였다. 우연의 일치인지 모르지만 ADIA의 손실액 2,480억 달러는 싱가포르 국부펀드의 운용금액인 2,480억 달러와 일치한다.

최근 3년 동안 생긴 ADIA의 거액의 수익감소는 씨티그룹에 투자했다가 손실계정으로 처리된 부분을 비롯해 아부다비 정부가 다른 3개의 국부펀드 운용에 따른 자금 분할이 일정 부분 운용기금 감소로 이어진 측면도 있다. 따라서 요즘 같이 글로벌 파이낸스파워가 크게 움직임에 따라 발생하는 실질적인 변화는 초미의 관심사로서 거의 절대적 가치를 지닌다고 볼 수 있다.

세계 국부펀드의 변신과 중국 국부펀드 등장

국부펀드 운용의 교과서로 대접받았던 노르웨이 국부펀드와 대비되는 개념으로 정리할 수 있다. 싱가포르 테마섹(Temasek)이 국부펀드의 모범 답안이라면, ADIA는 미래설계를 지향한다고 볼

수 있다. 하지만 역설적이게도 이러한 변화는 2조 5,000억 달러에 달하는 외환보유국인 중국에서 비롯되었다. 미국 채권의 최대 보유국인 중국은 이를 국제 금융질서를 송두리째 흔들 수 있는 무기로 활용할 수 있다. 메가톤급 폭발력을 지닌 중국 국부펀드는 풍부한 유동성에 힘입어 해외 에너지자원을 싹쓸이 하는 데 혈안이 되어 있다. 이처럼 세계 국부펀드들이 전쟁에 돌입하고 있다. 총성 없는 뭉칫돈 전쟁이라 할 수 있다.

방아쇠는 중국과 중동지역 걸프펀드가 먼저 당겼다. 이들은 채권과 주식을 선호하던 고전적 투자방식을 벗어던졌다. 이미 전력과 항만, 기업 인수합병(M&A)과 해외 에너지자원 확보 등으로 확대일로다. 여기다 G7 중에서 처음으로 일본이 국부펀드 설립에 적극적으로 나섰고, 인도 역시 개설 시기를 조절중이다. 같은 이유로 미래설계를 지향하는 ADIA는 최근 중국 국부펀드와 어깨동무를 하며 새로운 진로 모색에 열을 올리기 시작했다. 이점이 바로 ADIA의 변화를 읽어낼 수 있는 대목으로, 전 세계가 예사롭지 않은 눈빛을 보내는 이유다.

ADIA의 대해부(大解剖)를 위해 여덟 개의 장으로 나누어 정리했다. 물론 ADIA가 아무리 세계 최대의 국부펀드 운용사라 해

도, 세계 국부펀드(SWF)라는 드넓은 숲의 한 그루 나무라는 사실 또한 배제하지 않았다.

우선 제1장은 중동지역의 도시국가 아부다비의 변신과 미래를 책임지고 있는 ADIA에 관한 보고서로서 국부펀드의 명분론을 조명했다. 제2장은 아부다비가 지향하는 미래 설계의 밑그림인 '아부다비 경제계획 2030'의 전모를 밝혀 ADIA의 존재 가치인 '미래설계(Future Planning)'와의 함수관계를 제시했다. 제3장은 비밀주의의 구각을 깨고 산티아고 원칙 천명 이후에 발표된 ADIA의 연차보고서를 이해하기 쉽게 '속살 보고서' 형식을 빌어서 정리했다. 제4장은 뭉칫돈 운용과 함께 그동안 국내외 언론매체를 도배한 시티은행과의 젠(錢)의 전쟁과 이슬람 머니 3조 달러를 등에 업은 이들의 속내까지 마케터의 시각으로 다루었다. 제5장은 2011년을 열면서 급변하는 글로벌 파이낸스파워의 현주소와 규제의 폭이 되는 산티아고 원칙부터 바젤Ⅲ까지 적나라하게 짚었다. 제6장은 아부디비투자청과 함께 국부펀드를 운용하는 그들만의 세상에서 실질적 경쟁자들, 이를테면 노르웨이 국부펀드를 위시해 싱가포르 테마섹(Temasek)과 중국투자청(CIC), 그리고 올해로 6년차인 한국투자공사(KIC) 등을 시리즈 형식을 빌어서 소개했다. 제7

장은 세계를 품어가는 ADIA만의 차별성과 틈새를 극대화시킨 역사적 발자취를 따라나서며 뭉칫돈 운용의 전모를 천명했다. 마지막 제8장은 아부다비와 한국, 그리고 한국과 아부다비를 오고가는 레이스를 통해, 자원빈국 한국이 얻어내거나 그들에게 주는 윈—윈—윈 테크(Win—Win—Win Tech)라는 새로운 개념을 통해 공통적 문제를 제기하며 녹색성장산업의 극대화에 필요한 비즈니스 모델을 제시했다.

이 책이 세계 최대 국부펀드 운용사인 ADIA의 대해부서(書)로, 제대로 된 뭉칫돈 안내서로 기능할 수 있도록 젖 먹던 힘까지 보태 혼신을 다했다. 끝으로 무딘 글들을 마다하지 않고 여섯 번째로 출판의 기회를 주신 채종준 한국학술정보(주) 사장님께 감사를 드린다. 특히 김영권 이사님을 비롯하여 강태우 과장님과 김남동 대리님께도 진한 감사의 말을 드린다.

2011년 1월 11일

임 은 모

adimo@hanmail.net

Contents

프롤로그 4

Chapter 1 World Best Capital Gate

1 자본경제도시의 아이콘 17

2 국부펀드의 두 얼굴 25

3 글로벌 국부펀드 다시 공격모드로 32

4 글로벌 국부펀드시대 생존법 38

5 국부펀드가 다시 쓰는 금융공학 44

Chapter 2 Abu Dhabi Economy 2030

1 Catch me, If you can 53

2 내가 하면 투자, 네가 하면 투기 59

3 속살을 보일까, 속살을 보이지 말까 64

4 자연섬 개발이냐, 인공섬 개발이냐 67

Chapter 3 ADIA Annual Report

1 세계는 국부(國富) 전쟁중 73

2 금격(金格)의 속살 보고서 78

3 문제는 리스크 관리다 83

4 연차보고서를 통한 윈-윈-윈 기술조합 88

Chapter 4 Steal a glance of ADIA

1 씨티그룹과 젠(錢)의 전쟁 97

2 투자 관점에서 본 탄소제로도시 마스다르의 가치 102

3 3조 달러에 달하는 이슬람 머니를 등에 업고 107

4 After the Fall 112

Chapter 5 New Finance Wave, New Gulf Fund Capital

1 산티아고 원칙에서 새로운 금융질서가 시작되고 119
2 새롭게 주목을 받는 걸프펀드 126
3 새로운 은행규제는 바젤Ⅲ에서 완성되고 131
4 믿는 것은 국부펀드 매니저 135

Chapter 6 Line Up! We leagued with Ours

1 그들만의 세상, 그들만의 리그 145
2 국부펀드의 교과서 노르웨이 글로벌연금펀드 149
3 국부펀드의 모범 답안 싱가포르 테마섹 156
4 주식회사 중국의 중국투자공사 163
5 업그레이드 코리아의 한국투자공사 170

Chapter 7 ADIA가 세계를 품다.

1 아부다비에서 다시 만난 비틀스 ● 181
2 World Future Energy Summit ● 186
3 Centre of Excellent in Building Technologies ● 192
4 New North ● 198

Chapter 8 우리가 ADIA를 좋아해야 할 이유

1 걸프펀드의 반란 ● 207
2 GCC에서 몸통은 ADIA이다 ● 213
3 고리에서 실라까지 ● 219
4 알라만이 아는 아부다비의 비밀 ● 226
5 다시 아부다비 경제계획 2030을 제안해 보면 ● 232

에필로그 ● 236
참고문헌 ● 239
부록(Ⅰ) ● 243
부록(Ⅱ) ● 277

Chapter 1

World Best Capital Gate

1

자본경제도시의 아이콘

지구촌 소비자의 문화 아이콘은 영화다. 오감을 자극하는 영화의 진면목을 맞닥뜨리게 하는 출연배우와 줄거리에 소비자는 지갑을 연다. 돈이 지배하는 자본경제도시의 메커니즘에서 이러한 상징은 건물이 대신한다. 아무리 포장한다 해도 도시 아이콘의 의미나 오감은 동일하다. 우선 보고 느끼는 가운데 도시의 이미지와 미래를 함께 그릴 수 있기 때문에 자본경제도시의 아이콘은 그래서 주목을 받기에 충분하다. 여심을 자극하는 진주(眞珠)와 닮았다는 말도 일리가 있다.

금색 문양으로 시각적인 차별성을 추구하는 에티하드항공의 본거지 아부다비국제공항에서 도심에 이르는 30km 공항로를 자동차로 달리다보면 진주를 닮은 도시 아이콘을 만나게 된다. 아부다비 자본경제도시 아이콘으로 새롭게 떠오르고 있는 캐피털 게이트(Capital Gate)가 그 주인공이다. 도시인구 180만 명의 성장과 번영을 품고 도약하는 아부다비의 미래를 극적으로 보여주는 캐피털 게이트는 자본경제도시의 건물 아이콘이 되었다.

자본경제도시의 건물 아이콘에서 '건물'이라는 단어 하나를 빼고 그냥 자본경제도시의 아이콘이라고 불러도 이해하는데 전혀 지장이 없을 정도로 캐피털 게이트는 이제 아부다비 도시 전체의 상징적 이미지로 군림하기 시작했다.

피사의 사탑과 캐피털 게이트

이탈리아 중부 토스카나에 세워진 '피사의 사탑'은 세계 7대 불가사의에 속한다. 역사 교과서에서 자세하게 소개되어 있듯이 피사의 사탑은 두오모 성당의 종탑으로 지난 1174년 보난노 피사노에 의해 건립이 시작되었다. 두오모 성당은 사라센 제국과의 전쟁에서 승리를 기념하기 위해 건립된 이 탑은 애당초 현재의 2배가량인 110m 높이로 계획되었으나 3층이 완성될 무렵 약한 지반 때문에 도중에 탑이 기울게 되어 결국 높이 55.8m에 지름 16m로 마감되었다. 건축적으로는 고대 로마네스크 양식을 본뜬 건물로 8층 높이에 흰 대리석으로 치장한 원형의 탑이다.

아부다비 도시의 아이콘인 캐피털 게이트는 36층(160m) 높이에 건물의 기울기는 18도로 피사의 사탑보다 12.5도나 더 기울어져 있다. 세 배 나 더 기울어진 데다 13층부터는 각 층이 아래층보다 30~140cm 튀어나오도록 설계되었기에 지난해 6월 '세계에서 가장 많이 기울어진 건물'로 기네스협회의 공인까지 받았다.

캐피털 게이트는 아부다비가 자랑하는 에티하드항공과 함께 도시국가 브랜드로서 가치를 공유함과 동시에 도시얼굴까지 바꾸는 건물로서 아부다비국제전시회사(ADNEC)가 운영을 도맡고 있다. 시몬 호간(Simon Hotgan)이 이끌고 있는 이 회사에서 발행하는 잡지 <애드벤처(AD Ventures)>는 캐피털 게이트가 도시국가 아부다비의 미래 비전과 창의성, 그리고 디자인 면에서 타의 추종을 불허하는 도시건물 아이콘으로 등극하였음을 강조하고 있다. 특히 하얏트호텔 체인본부가 5성 호텔 급 객실 189개와 부대시설을 건물 내에 운영하고 있어 아부다비를 찾는 비즈니스맨에게 호평을 받고 있다.

정지를 넘어 비약하는 도시국가 아부다비

아부다비 도시건물 아이콘인 캐피털 게이트를 대각선으로 바라보고 직진해 8차선 도로를 달리면 곧바로 해안도로 코니치 로드(Corniche Road)로 접어든다. 여기서 다시 우회전하면 ADIA(Abu Dhabi Investment Authority, 아부다비투자청)이 나타나는데, 세계 최대의 국부펀드를 운용하는 기관답게 마치 환영하듯 손을 벌리고 있는 듯 서 있는 모습이 위풍당당하다.

세계 최대라는 수식어에 걸맞게 운용액만도 6,270억 달러에 달한다. 2위인 노르웨이 국민연금펀드의 4,450억 달러와 단순비교해도 1,820억 달러나 더 많다. 1,820억 달러의 차이는 러시아 국가

펀드 운용액 1,680억 달러보다 140억 달러나 더 많은 수치다.

중동지역 도시국가 아부바디를 산유국으로 분류해서 대접한다고 해도 인구 180만 명의 도시에서 세계 최대의 국부펀드를 운용하고 있다는 사실을 누가 믿어줄까. 전 세계 경제를 주무르는 G7 선진국도 아니고, 지난해 서울에서 개최된 G20 멤버에도 끼지 못한 이 도시국가가 세계 최대의 국부펀드를 운용한다고 하면 쉽게 납득할 수 있을까. 세계 최대의 국부펀드를 통해 부국(富國)의 미래와 국부(國富)의 번영에서 웅비하는 모습을 누가 인정해줄까. 기실 '누가 믿어줄까' 시리즈의 본말은 ADIA의 건물의 위용에 그대로 녹아나 있다. 돈의 사이즈가 아니더라도 그동안 ADIA가 걸어온 35년의 긴 역사를 거슬러 오르다보면 저절로 긍정의 고개가 숙여진다.

하긴 전 세계에 미국발(發) 글로벌 금융위기가 내려칠 무렵 ADIA의 운용액은 8,750억 달러로 알려졌다. 금융위기의 시련을 겪으면서 ADIA는 2,480억 달러의 손실을 입었다. 이 천문학적인 손실금액은 한국전력이 아부다비 도심에서 북쪽으로 330km 떨어진 실라(Silla) 지역에 세울 원자력발전소 전력단지를 6개 더 세울 수 있는 금액에 해당한다. 때문에 ADIA 건물을 대할 때면 정지의 숨고르기를 막 끝내고 다시 비약의 나래를 펴서 드높은 창공의 매를 보는 듯, 용맹의 극치를 느낄 수 있다.

'보는 것만 믿는다'라는 아라비아 상인의 말처럼 '세계 최대·최고·최초만을 찾는다'는 아부다비 비즈니스맨의 안목에 부러움마저 느끼지 않을 수 없다. 실제로 ADIA는 1998년부터 세계 최초의 탄소제로도시 마스다르(Masdar)를 구축하는 데 필요한 투자자금을 대고 있으며, 동시에 세계 최고의 사탑(斜塔)인 캐피털 게이트 주주 명단에서 맨 앞자리를 차지하고 있다.

세계 경제의 큰손 국부펀드의 등장

일반적으로 국부펀드란 정부의 외환자산을 효율적으로 운용하기 위해 설립된 국가 단위의 투자기구를 지칭한다. 국부펀드는 한 나라의 정부가 넘치는 외환보유고로 기금을 조성해 수익성 위주로 운용하는 투자기구다. 중동의 산유국들이 고유가 행진에 따라 넘쳐나는 외환보유액을 주요 기반으로 삼았다면, 중국과 인도 등 아시아 신흥국가들은 수출로 벌어들인 돈으로 세계 국부펀드의 판을 키워왔다. 따라서 국부펀드는 펀드의 원천에 따라 '상품에 기초한 국부펀드'와 '비(非)상품에 기초한 국부펀드'로 구분된다.

먼저 상품에 기초한 국부펀드의 대표적인 사례로는 1954년에 조성된 KIA(Kuwait Investment Authority, 쿠웨이트 국부펀드)와 1976년에 설립된 ADIA 등이 있다. 이 펀드들은 원유 수출로 축적된 오일머니의 자금력을 바탕으로 중동국가들이 수익을 내기 위해 만든 국부펀드로 정리할 수 있다. 비상품에 기초한 국부펀드는 주로 비산유국들이 무역수지 흑자로 축적된 외환보유액을 활용해서 만든 펀드를 일컫는다.

싱가포르의 테마섹(Temasek) 펀드와 GIC(Government of Singapore Investment Corporation, 싱가포르투자청)가 만든 펀드를 비상품 국부펀드의 대표적인 사례로 꼽을 수 있다. 1974년 설립된 싱가포르 테마섹은 국부펀드의 원조로서 출범 30년만인 지난 2004년 처음 투자성과를 발표하면서 세계 경제계에서 주목받기 시작했다. 연평균 수익률이 19%에 달했기 때문이다. 테마섹의 성공을 계기로 최근 국부펀드 설립이 유행처럼 번지고 있다. 외환보유액 세계 1위인 중국도 2007년 9월 2,000억 달러 규모의 CIC(China Investment Corporation, 중국투자공사)를 출범시켰다. 우리나라도 한국을 세계 금융허브로 만들기 위해 2005년에 200억 달러 규모의 KIC(Korea Investment Corporation, 한국투자공사)라는 이름의 국부펀드를 조성했다.

이들 국부펀드의 일차적인 목적은 장기적인 분산투자를 통한 안정적인 수익이다. 이들은 대부분 당대에 축적한 부를 미래세대의 후손에게 효율적으로 이전시키기 위한 국가적 전략을 지향하고 있다.

세계 국부펀드 규모는 4조 달러

현재 국부펀드 규모는 4조 달러에 달하고 있고 그 규모 역시 계속 커지고 있다. 헤지펀드(2조 달러)와 사모펀드(1조 달러)를 훨씬 능가하는 규모를 자랑하는 이들 국부펀드의 움직임에 따라 한 나라의 증시나 경제가 크게 출렁이고 있다. 그러나 국부펀드의 경제활동이 활발해지면서 미국이 CIC의 출범에 곱지 않는 시선을 보낸 것도 사실이다.

중국은 막대한 외환보유액 가운데 절반을 미국 국채 매입에 투자하고 있다. 미국 국채의 최대 투자국이 바로 중국인 것이다. 이렇게 미국으로 흘러들어온 돈은 미국의 금융시스템을 통해 다시 중국에 투자되는 경우가 비일비재하다. 금융공학(金融工學)이라는 이름으로 말이다. 이를 통해 미국은 연간 20~30%의 수익을 얻게 된다. 미국 입장에서 중국이 국채에서 돈을 빼내서 국부펀드를 만드는 일을 반기지 않는 이유가 자명해진다.

이것이 금융선진국 미국이 국부펀드에 딴지를 걸게 되는 직접적인 이유다. 그래서 수익률 강화와 경제적 파장에서 새롭게 비약의 날개를 펴고 있는 ADIA의 과거와 현재, 그리고 미래가 주목의 대상이 될 수밖에 없다.

65억 지구촌 소비자의 문화 아이콘에 영화가 포함되고 있듯이 자본경제도시로 발전하고 있는 중동지역 도시국가인 아부다비에서 건물 아이콘인 캐피털 게이트만큼 이를 잘 대변하는 메시지는 달리 찾기가 어렵다. 역사를 반추해보면 아부다비에서 석유가 처음 발견된 1966년까지 이들은 아라비아 해(海)를 바라보고 조개잡이에 열중인 베두인에 불과하였다. 1892년 영국의 보호령이 되면서 서구문화를 접할 때까지, 그들은 사막에서 생활하고 조개잡이를 통해 진주를 찾아 파는 전형적인 아라비아인이었다.

하지만 흑진주 석유가 나오면서부터 서구 열강의 세력에서 벗어나 1971년 독립국가가 되었다. 역사는 바뀌었고 세계 자본경제도시로 발전하는 과정을 거쳐 지금은 세계 최대의 국부펀드를 운영하는 도시국가로 등극했다. 독립 이후 2011년 오늘날과 같은 위치에 등극하기 위해 필요한 시간은 고작 40년이다. 그리고 캐피털 게이트는 아부다비의 글로벌 베스트로서의 가치와 위용에 큰 힘을 보태고 있다.

2

국부펀드의 두 얼굴

2008년 9월 15일 리먼브러더스 파산으로 시작된 글로벌 금융위기가 발생한 지 올해로 3년째다. 결국 경제대국 미국의 위상은 지금의 달러 가치로 반영되었고 더블딥(경기가 짧은 회복 후 다시 침체에 빠지는 것)을 우려하는 목소리가 끊이지 않고 있다. 반면 그동안 움츠리고 있던 국부펀드는 긴 동면의 시간을 지나 서서히 기지개를 켜는 정반대의 모습을 보이고 있다.

글로벌 경기 회복에 대한 기대감이 커지면서 이들의 움직임도 다시 활발해지고 있다. 글로벌 금융위기 때문에 큰 손실을 입어 한동안 잠잠했던 국부펀드가 다시 고개를 들고 활동을 개시한 것이다.

투자대상도 주식과 채권 위주였던 과거와는 달리 프로축구와 같은 스포츠산업을 넘어 영화와 같은 엔터테인먼트산업 등으로 다양해지고 있다. 이러한 변화를 지켜본 <파이낸셜타임스>는 최근 '국부펀드들이 서구시장에서 투자에 대한 식욕을 회복하고 있다'

는 요지의 기사를 실으면서 헤드라인을 이렇게 게재했다.

'Regaining their appetite for deals.(거래에 대한 욕구을 회복하다)'

이 언론매체는 ADIA가 2008년 영국 프리미어리그의 프로축구팀 '맨체스터시티'를 사들인 데 이어 2009년 7월에는 '포츠머스'까지 인수했다고 밝혔다. 이는 프리미어리그 사상 처음으로 외국인 구단주가 두 개의 클럽을 한꺼번에 소유한 사례를 낳았다. 이는 오일머니의 위력을 등에 업은 ADIA가 다시 기지개를 켜며 왕성한 식욕을 보이려는 시그널로 비친다.

2015년에 이르면 국부펀드의 규모는 15조 달러

최근 국제통화기금(IMF)에 따르면 전 세계 국부펀드 규모는 2007년 2조 달러 수준에서 2015년에는 15조 달러에 육박할 것으로 전망하고 있다. 5년 사이에 6배 성장하는 셈이다. 이는 2008년 글로벌 금융위기 전까지 국제 자본시장에서 기업인수합병(M&A) 붐을 일으켰던 사모펀드와 헤지펀드의 자산을 합친 것보다 크다. 국제 금융시장에서 국부펀드의 파이를 실감할 수 있는 대목이다.

이러한 규모로 변신 중인 국부펀드의 시그널은 향후 국제 자본시장에 '쓰나미'로 작용할 수 있다는 것을 방증한다. 실제로 중동국가 국부펀드의 기지개는 신흥국가에도 파급되어, 향후에는 국부펀드의 용트림을 들을 수 있을 것으로 예상된다. 특히 일본과 인도 등 외환보유액을 가장 많이 가진 국가들까지 돈다발을 들고 가세하고 있다. 판이 점점 커지고 있는 것이다.

수익만 나면 어디든 투자하겠다는 국부펀드의 적극적인 투자마인드도 국제 금융시장을 긴장시키는 요인으로 작용한다. 국부펀드가 고수익 자산을 배경으로 대규모 투자를 통해 치고 빠지면 제2의 글로벌 금융위기를 맞을 수 있다는 예단도 없지 않지만, 그렇다고 해서 그들이 입은 큰 손실을 만회하겠다는 뜻을 배제할 수는 없다.

이들은 글로벌 금융위기 3여 년 동안 막대한 손실을 수업료로 이미 지불했다. 숨고르기라는, 물리적 인내와 시간적 투자까지 감내한 것이다. 그래서 그들은 이 보약의 효과를 금과옥조로 삼고 있다. 원래 보약은 쓰고 마시기가 힘들기 마련이다.

국부펀드의 존재 이유

국부펀드는 신조어가 아니다. 싱가포르 테마섹은 1974년, ADIA는 1976년에 문을 열었다. 국부펀드는 지금까지 국제 금융시장에서 큰 주목을 받지 못했다. 규모도 그리 크지 않았고 투자대상도 제한적이었기 때문이다. 그러나 2011년에 이르러 상황이 급변했다. 엄청난 외환보유액을 쌓아놓고 있던 공룡들이 일제히 움직이기 시작한 것이다.

특히 중국의 가세가 결정타였다. 지난 2009년 한 해 동안 중국의 수출액은 1조 2,017억 달러에 달했다. 따라서 중국의 달러는 천정부지로 쌓이게 되었다. 중국은 이 돈으로 해외 에너지자원을 싹쓸이 하면서 국력을 과시했다. 중국의 외환보유액도 2조 4,543억 달러(2010년 상반기 통계)에 달했다. 외환보유액이 지나치게 비대해져 중국 경제에 큰 부담으로 작용하기 시작하자 중국 당국은 서둘러 2,000억 달러 규모의 국부펀드 CIC를 설립하기에 이른다. 2007년의 일이다.

중국인민은행은 늘어난 외환보유액을 다스리고 동시에 위안화 가치를 안정시키기 위해서 특수한 채권(한국의 통화안정증권)을 발행했지만, 효과는 제한적이었다. 채권 규모가 커지면서 덩달아 이자 부담도 늘어나고 이자 형태로 풀린 돈을 흡수하기 위해 다시 채권을 발행하는 악순환에 빠진 것이다. 어떻게든 자국 시장에 풀린 달러를 해외로 퍼 날라야 한다. 중국이 국부펀드를 통해 해외 투자를 늘리려는 이유다. 같은 이유로 국부펀드를 운용한 중동국가와 아시아 신흥국들도 오일머니와 무역흑자로 늘어난 외환보유액을 몇 푼 안 남는 미국 국채에나 투자하면서 묵혀두기에는 기회비용이 너무 크다고 판단했고, 이는 국부펀드의 변신에 변수인자로 작용하게 되었다.

대표적인 국부펀드인 싱가포르 테마섹은 1974년 설립 이후 글로벌 금융위기가 발생한 2008년 9월까지 연 평균 18%의 수익을 올렸다. 따라서 외환보유액이 국부펀드로 이동하게 되면 파이낸셜 타임스가 언급했던 대로 상황은 바뀌게 되어있다. 중앙은행들이 보유 자산의 가치를 떨어뜨릴 만큼 국채를 대량으로 내다팔지는 않겠지만 예전처럼 채권 비중을 높게 유지하지는 않을 것이기 때문이다.

결국 채권을 사려는 수요는 점차 줄어들 것이고 대신 주식시장은 채권시장에서 빠져나온 자금으로 인해 탄력을 받을 수 있다. 좀 더 공격적인 투자를 하는 국부펀드가 전 세계 기업인수합병 시장의 큰손으로 작용해 지각변동에 불을 붙일 가능성은 이제 현실로 나타날 수 있다. ADIA가 영국의 프리미어리그 시장의 큰 손으로 등장한 사실만 봐도 알 수 있다.

국부펀드의 두 얼굴

국부펀드는 글로벌 금융위기 등의 세계 경기 상황에 맞춰 국내 자금을 운용할 수 있기 때문에 경기순환의 변동성을 줄여주는 역할을 겸한다. 중앙은행과 달리 적극적인 포트폴리오를 구성하는 기능을 가지고 있기 때문에 운용수익률도 높다. 또한 글로벌 금융기관에 대한 투자에서 알 수 있듯 장기 수익을 추구하는 투자전략은 국제금융시장의 안정성을 높이는 데 크게 기여하고 있다.

문제는 자산운용의 쏠림현상이다. 수익성을 따지다보면 안전자산보다는 위험자산으로, 선진국보다는 신흥국 시장으로 자산운용 비중이 쏠릴 가능성이 다분히 많다. 헤지펀드의 레버리지 투자와 동시다발적으로 일어날 경우에는 국제 금융시장이 출렁이게 된다. 불안전성으로 이어질 수 있기 때문이다. 국부펀드들의 불안전성 발생에 따라 환율이 요동치거나 원자재가격의 흐름이 왜곡될 가능성 때문에 그렇다.

한편 최근 국부펀드의 위상이 높아지자 국제 금융시장에 보호주의가 싹트고 있다. 이름하여 금융보호주의(financial protectionism)의 발단이다. 문제의 발단은 2007년 7월 싱가포르 테마섹과 중국개발은행(CDB)이 영국 바클레이즈 은행의 지분을 인수한데 이어 카타르국영투자펀드가 영국 수퍼마켓 체인인 세인즈배리 인수를 추진한다고 발표해 영국인들의 애국심을 자극한 것이다.

이는 국가 간의 분쟁으로 번질 수도 있는 문제다. 독일이 국부펀드에 대항 할 수 있는 기구를 만들겠다고 나선 것이 대표적인 케이스다. 독일이 중국 국부펀드의 블랙스톤 투자에 자극을 받아 이러한 결정을 내린 것이다. 미국계 사모펀드인 블랙스톤은 독일의 통신 분야 독점사업체인 도이치텔레콤의 지분 4.5%를 갖고 있다. 중요 기간산업이 중국의 입김에 흔들리게 생겼으니 독일의 고민이 깊은 것도 당연하다.

국부펀드가 기업인수합병(M&A) 시장에 뛰어들면 문제는 더욱 꼬이게 마련이다. 민족주의와 보호주위를 자극하는 계기가 될 수 있어서다. 이를 지켜본 찰리 매크리비(Charlie McCreevy) 유럽연합 역내시장 집행위원은 "국부펀드 활동에 대한 유럽연합 차원의 규제 대응을 검토하겠다"고 강하게 주장했다. 싱가포르 테마섹이 태국 통신그룹인 신코프를 인수했다가 격렬한 반발에 부딪힌 것도 대표적인 사례다. 글로벌 금융시장에서 아무리 큰 민간자본도 한 나라의 국부펀드를 당해내긴 어렵다. 이 때문에 자산 가격이 왜곡되는 현상도 나타날 수 있다. 결국 2008년 3월 국제통화기금(IMF) 산하 국제통화금융위원회(IMFC)는 국부펀드에 대한 규제 프로그램을 검토했고 그해 10월 연차 총회 의제로 상정하는 합의문을 발표하게 이른다. 더 자세한 내용은 5장 산티아고 원칙에서 다룰 것이다.

3

글로벌 국부펀드 다시 공격모드로

미증유의 글로벌 금융위기로 숨을 고르던 글로벌 국부펀드가 다시 공격모드로 나서고 있다.

미국발 금융위기의 단초는 2006년 12월 이후 미국 주택 가격의 상승세가 둔화되고 금리까지 치솟으면서 서브프라임 대출자들이 빚 갚기를 포기한 데에 있다. 서브프라임 연체율이 2005년 9월 10.8%였던 것이 2006년 9월 12.6%, 2007년 16.3%로 치솟자 결국 모기지업체 패니메이와 프레디맥이 구제금융의 수혈을 받았다. 이렇게 연체율이 올라가면서 서브프라임에 기초한 파생금융상품에 투자한 금융기관들이 함께 몰락하자 미국 투자은행에 투자한 글로벌 국부펀드들도 덩달아 큰 손실을 입게 되었다.

돈 장사의 속성상 정확한 손실금 통계는 기대난이지만 글로벌 국부펀드들이 이번 금융위기 동안 총 금융자산 가운데 약 25% 내외의 손실을 입었다고 보는 게 정설이다. 여기다가 곱사등으로 서구 금융선진국들이 작당하듯 국부펀드의 무차별 자산운용에 반기를 들고 투명성 제고까지 요구하기 시작했다. 급기야 양대 세력은 '금융 보호주의'와 '금융 질서교란'이라는 등식까지 만들어 서로를 비난하기에 이르렀다.

미국 부시행정부에서 그러한 요구는 정점을 이룬다. 2007년 11월 19일 미국 워싱턴에서 열린 G7 재무장관회의에서는 격론이 벌어졌다. 이 자리에는 선진 7개국 재무장관 외에 한국, 중국, 러시아, 쿠웨이트, 사우디아라비아, 싱가포르, 노르웨이, 아랍에미리트 등 8개국의 재무장관도 초청되었다. 특별 초청된 국가의 공통점은 국부펀드를 대규모로 운용하는 국가들이라는 점이다. G7을 대표해 헨리 폴슨(Henry Paulson) 미국 재무장관은 "국부펀드 투자가 투자 대상국의 안보를 위협할 수 있다"며 국부펀드의 규제를 주장했다. 이에 대해 국부펀드를 운용하는 나라들의 재무장관은 한 목소리로 "민간 펀드와 차별하는 것은 말이 안 된다"고 반격에 나섰다.

논란 끝에 국부펀드의 투자투명성(transparency)을 높이라는 금융 선진국들의 압력이 가중되었고 그 연장선상에서 이를 수용하는 이른바 '산티아고 원칙(Santiago Principal)'을 도출하는 선에서 국부펀드들의 입지는 평정을 되찾았다.

2009년 9월, IMF와 24개 국부펀드가 칠레 산티아고에 모여 합의한 이른바 '산티아고 원칙'은 두 가지 합의사항을 도출하는 데 의견일치를 보았다. 하나는 향후 국부펀드의 투자를 규제하기 위한 구체적인 가이드라인을 만들어 내는 일이고, 다른 하나는 국부펀드의 투명성을 제시하는 일이다. 적어도 글로벌 국부펀드의 교과서인 노르웨이 국부펀드 수준의 투명성 확보다.

이게 바로 금융위기가 내리친 2008년 9월부터 2010년도 9월까지 글로벌 국부펀드들의 영업일지다. 그러나 2011년을 열면서 이들은 '입질'과 '정동정(靜動靜)'을 거쳐 다시 공격모드로 태도를 바꾸며 투자의 '식욕'을 드러냈다. 지난해까지만 해도 생각도 못했던 일이다. 어느새 공격모드는 지난 2007년의 1/4반기 이전 수준으로 돌아섰다.

중동계 국부펀드의 입질

미국발 금융위기에 따른 타격으로 몸을 바짝 낮추었던 중동지역 국부펀드들의 적극적인 움직임이 두드러지고 있다. 그동안 금융위기로 국제 유가와 원자재 가격이 가파르게 추락하면서 발이 묶었던 이들이 글로벌 자금시장에 다시 모습을 드러내고 있는 것이다. 이는 크게 네 가지로 구분할 수 있다.

첫째는 저평가된 메이저 석유그룹 중 하나인 브리시티페트롤리엄(BP)에게 리비아펀드가 구세주로 등장한 일이다. 맥스코 만(灣) 원유 유출사태로 위기를 맞은 브리시티페트롤리엄이 중동지역 국부펀드에게 투자를 요청하는 가운데 리비아국부펀드가 뜨거운 관심을 보였다. 브리시티페트롤리엄의 지분인수가 거래상의 메뉴였다. 쇼크리 가넴(Shokri Ghanem) 리비아석유공사 회장은 "원유 유출 사태로 브리시티페트롤리엄의 주가가 반토막이 났다"면서

"리비아투자청이 운영하는 국부펀드와의 거래를 주선하고 있다"고 밝혔다. 그는 "현재 브리시티페트롤리엄 주가는 저가 매수에 나서기에 상당히 매력적인 수준임과 동시에 브리시티페트롤리엄은 여전히 신뢰할 수 있는 기업에 하나다"라고 강조했다.

2010년 4월 20일 원유 유출 사태가 불거진 이후 브리시티페트롤리엄의 시가총액은 절반 수준으로 추락했다. 원유 제거와 보상액이 날로 증가하는 가운데 국제자본시장에서는 브리시티페트롤리엄의 자산매각과 피인수설이 꼬리에 꼬리를 물었었다. 위기에 처한 브리시티페트롤리엄은 100억 달러 규모의 자산 매각에 나서면서 리비아국부펀드에게 손을 내밀었다. 이미 BP의 지분을 소유한 QIA(Qatar Investment Ageny, 카타르투자청)과 ADIA도 여기에 가세하여 반 토막 난 브리시티페트롤리엄의 주가하락을 일단 멈추는 데 기여했다.

둘째, CMA과 CGM의 자금 수혈이다. 글로벌 금융위기로 전 세계 선적 물량이 줄어들면서 세계 3위 해운업체인 프랑스 CMA와 CGM은 카타르국부펀드로부터 수혈을 받았다. 이들 지분의 49%를 인수하는 조건으로. QIA는 이미 그리스국민은행(NBG) 지분 5~7%를 인수했고 중국농업은행의 신주 인수에도 적극 나섰다.

셋째, 중국농업은행 기업공개(IPO)의 단골 고객으로 중동지역 국부펀드 공격모드가 되살아났다. 해외 은행 투자에 적극적인 관심을 보이던 카타르투자청은 중국농업은행 기업공개에 참여해 28억 달러를 투자했다. 이어서 KIA는 8억 달러를 투자했고 싱가포르 테마섹 역시 2억 달러 규모를 투자한 것으로 알려졌다. 네덜란드 라보은행 역시 2억 5,000만 달러를 투자했다. 홍콩의 억만장자 투자자 리카싱도 2억 달러를 중국농업은행에 투자한 것으로 알려졌다. 이러한 글로벌 국부펀드의 공격모드에 힘입어 중국농업은행은 2010년도 세계 최대의 기업공개 규모로 기록될 221억 달러를 무난하게 달성하여 상하이증시와 홍콩증시를 크게 달구는 결과를 가져왔다.

국부펀드에는 돈이 넘치고

최근 CIC가 아프리카 원자재 시장을 싹쓸이 하고 있듯이 전 세계에 돈이 넘치고 있다. 국경을 가로지르며 총성 없는 돈의 전쟁이 벌어지고 있음을 방증한 것으로 볼 수도 있다. 국적은 물론 누구 소유인지도 모르는 엄청난 액수의 뭉칫돈이 거침없이 계좌를 넘나드는 '머니게임'이 자행되는 지금의 돈의 흐름에 비춰보면, 하등 이상한 일이 아니다. 그래서 국부펀드라는 이름표를 달고 수익의 극대화를 겨냥한 글로벌 국부펀드의 투자결정은 이제 시작에 불과하다는 점을 우리는 인지해야 한다.

실제로 수십 억 달러에 달하는 뭉칫돈은 이른 아침 뉴욕 월스트리트를 떠나 몇 시간 후 런던의 금융중심지 롬바드가에서 유로화로 변신한다. 그리고 바다 건너 네덜란드 암스테르담 주식시장을 기웃거린다. 별로 흥미를 느끼지 못한 돈은 아부다비의 스탠다드차타드은행 계좌에 머물면서 중동지역 오일머니 움직임에 편승해 싱가포르 채권시장을 기웃거린 다음 중국 상하이증시와 홍콩증시에서 증권시장을 두드린다.

물경 4조 달러에 달하는 거액의 뭉칫돈을 운용하는 국부펀드들의 투자러시는 이제 겨우 시작이다. 공격모드의 예고편일 뿐이다. 이것이 바로 우리가 국부펀드에 주목할 수밖에 없는 이유다.

4

글로벌 국부펀드시대 생존법

총칼로 싸우던 시대는 갔다. 80년대 <뉴욕타임스>는 뉴욕 월가의 전설 JP 모건의 전설적 투자를 극찬했다. 90년대 <뉴스위크>는 빌 게이츠를 '20세기의 칭기즈 칸'으로 묘사했다. 그리고 지금, 21세기는 금융의 시대로 구분할 수 있다.

기업이 필요한 자금을 얼마나 신속하고 저렴하게 조달할 수 있는가는 기업과 국가의 경쟁력을 측정하는 바로미터가 되었다. 이제 어느 언론매체든 주가의 변화를 신속하게 보도하지 않는 것은 상상할 수도 없는 일이다. 금융이 기업과 국가를 업고 사는 착각에 이를 정도로, 주가변동 뉴스는 이제 뉴스라기보다 물과 공기처럼 우리를 둘러싼 환경과 다름이 없다.

전 세계가 글로벌 금융위기를 넘기면서 금융공학의 범위와 피해가 어디까지 갈 것인가에 대한 의문에 명확한 구분을 긋지 않은 점은 여전히 숙제로 남았다. 여기다가 넘쳐나는 돈 때문에 발생하는 국가와 기업, 그리고 소비자 가계에 대한 인플레이션 현상은

삶의 질 향상에 항상 암적 존재로 남아 있다. 특히 일부 국가에서는 너무 많아 주체가 안 되는 외환보유액의 운용을 둘러싼 기싸움으로 국가적 생존법을 구사하기 시작했다.

최대 외환보유국인 중국을 비롯하여 고유가 행진에 따라 국부펀드를 운용하고 있는 중동지역 산유국들의 금융행보를 보면 '과연 금융공학의 지향점은 어디까지일까?'하고 자문하게 된다. 특히 최근 경제전문지 <이코노미스트>가 국부펀드(SWF)를 '자유경제주의의 기린아'로 특집 기사화한 것은 21세기 금융상황을 그대로 반영한 것으로 이해할 수 있다.

그렇다면 21세기 금융 기린아인 국부펀드 운용국가들에게 필요한 국가 전략은 무엇일까. 국부펀드의 국가적 어젠다는 과연 무엇일까. 무엇보다 그들의 전쟁터가 어디인지부터 명확하게 인식해야 한다. 그리고 이들이 수익의 최대화와 리스크의 최소화를 이루어내는 지점을 조명해보는 작업이 필요하다. 이를 글로벌 국부펀드 시대 생존법으로 인식하고 이들이 지향하는 실체를 분명하게 파악하는 것이 우리의 과제다.

한국의 경제 주체는 한국에서 싸운 것이 아니다. 오대양 육대주에서 싸운 것이다. 이미 글로벌 펀드시대는 국가를 넘어 전 세계를 하나의 전쟁터로 아우르고 있다. 이들은 전 세계 자본시장을 대상으로 투자한다. 한국 경제는 이미 우리의 의지와 관계없이 세계경제의 국부펀드 네트워크에 편입되어 있다.

결론부터 말하자면 이제 한국 금융산업과 KIC는 중동지역 도시국가 아부다비가 출자한 ADIA와 손을 잡을 필요가 생겼다. 이것만으로 부족하다면 벤치마킹 대상으로 넣는 일도 고려대상이 될 수 있다. 우리가 21세기 글로벌 펀드시대의 당당한 일원이 되기 위해서라도 이들의 생존법의 의미와 교훈에 귀를 기울이는 일은 더욱 필요하다. 바로 이러한 어젠다가 글로벌 금융전쟁의 핵심 메뉴이며, 이는 글로벌 금융질서의 요구와 일맥상통한다.

글로벌 금융전쟁

국부펀드는 금융파워에서 존재가치를 찾는다. 금융전쟁의 결과에 따라 국부펀드는 일희일비한다. 그래서 국부펀드 세계에서는 국가펀드 운용을 토털축구에 비유하기도 한다. 우리 안방에서 수비만 하면 절대로 승자가 될 수 없다. 우리 자본을 국외로 진출시켜야 한다.

한국시장에서 외국 자본에 어떻게 대응할 것인가 하는 소극적인 시각에서 탈피하여 한국자본이 외국자본이 되는 상황까지 고려한 전략수립을 세워서 이를 실행해야만 글로벌 리더에 오를 수 있다. 금융기적을 이루는 일까지 고려대상에 넣어야 한다.

최근 KIC의 메릴 린치 부실투자로 입은 8억 달러의 손실은 씻을 수 없는 상처다. 어쩌면 성장통이라 생각할 수도 있고, 혹자는 KIC의 단돈 1달러도 우리 국민의 혈세로 조성된 것이라고 강변할 수도 있다. 이 또한 의미 있는 항변일 것이다. 그러나 1997년 IMF시대 한국은행 금고의 외환보유액이 고작 300억 달러였다는 사실은 글로벌 국부펀드시대 생존법을 상기시킨다.

우리는 수익의 극대화와 리스크의 최소화를 통해 자국의 외환보유액을 다스리는 국부펀드의 순기능에 주목해야 한다. 막 출범한 KIC는 이제 겨우 자기 목소리를 만들기 시작했다. 따라서 8억 달러 손실금 때문에 주저앉거나 주춤한다는 것은 안타까운 일이다. 이는 파이낸스파워의 자존심 문제와 직결된다. 이를 뛰어넘는 생존법을 채택해서 운용해야 한다.

생존법 운용에는 국제적 감각을 지닌 금융인재의 양성과 등용에 그 성패(成敗)가 갈린다. 칭기즈 칸 군대가 세계를 지배할 수 있었던 것은 기동력 자체보다 말은 타면서도 활과 칼을 자유롭게 사용할 수 있었던 고대 무사들의 용기가 아니던가. 연전연승의 기적은 단순하게도 편안하고 발에 꽉 조이도록 설계된 등자(鐙子, 발 받침대)였다고 한다. 몸의 하중이 분산됨으로써 오래 달려도 피곤하지 않고 자유롭게 전후좌우로 화살을 쏘고 칼을 휘두를 수 있었다.

글로벌 국부펀드시대에서도 마찬가지다. 각종 리스크를 어떻게 효과적으로 분산시키느냐가 중요한 이슈로 떠오르고 있다. 국부펀드 운용사들은 수익의 극대화에 비례해서 리스크의 최소화에 목을 매고 있다. 투자할 곳은 많지만 리스크라는 복병을 구분하는 것은 오직 운용자의 몫이다. 따라서 국부펀드 금융의 미래를 위해서는 몽골군의 등자처럼 위험을 분산시킬 수 있는 운용의 노하우를 갖춘 금융인재의 양성과 등용을 꼽지 않을 수 없다.

따라서 2000년대 한강의 경제기적을 이룬 코리아는 2010년대 국제금융의 경제기적을 이룩해야 한다. 지금은 글로벌 국부펀드시대다. 동시에 우리는 녹색성장산업을 국가적 신성장동력으로 천명한 상태다. 이를 가시화하고 집결시키기 위해서는 천문학적인 자금이 필요할 것이다. 그러나 녹색에 금융을 입히는 것이야말로 다음 세대에 기적의 열매를 안겨줄 해법이자 생존법의 본말이다.

흑묘백묘론(黑描白描論)을 넘어 녹색론(綠色論)으로

글로벌 국부펀드시대에서는 '흑묘백묘론'이 주요 정서로 통한다. 오늘날의 중국을 경제대국으로 이끌었던 등소평의 경제철학인 '흑묘백묘'의 이론, 즉 '검은 고양이든 하얀 고양이든 쥐를 잡는 데 무슨 구별이 필요한가'라는 발상의 전환은 글로벌 펀드시대에도 그대로 통한다.

우선 돈에는 꼬리표가 없다. 누가 주인이라는 표시도 없다. 뭉칫돈일수록 은밀하게 거래되고 유통된다. 전 세계는 젠의 이러한 속성을 묵인하고 있다. 특히 녹색성장에 금융을 입히는 일이 최대의 과제가 된 지금, 녹색과 금융이 동반자로서 함께 가는 모습에서만 성공의 과실을 기대할 수 있다면, 뭉칫돈의 운용 또한 필수가 된다.

이를 잘 드러낸 모임이 2010년 10월 26일 서울 르네상스호텔에서 열렸다. 지식경제부가 주최한 '신산업과 금융컨퍼런스'가 그

것이다. 이명박 대통령이 2008년 8·15 경축사에서 언급한 저탄소 녹색성장이 그로부터 2년여의 시간이 흐른 지금에 이르러 녹색산업인과 금융인의 금융컨퍼런스라는 형태로 처음 모인 것이다. 한국의 대표적인 은행인 산업은행의 부행장과 수출입은행의 부행장이 연사로 나와 녹색성장산업의 파이낸스에 관한 기대와 우려, 그리고 향후 자금 투자계획을 발표했다.

이들은 한국을 넘어 아시아 금융을 상대로 파이낸스파워를 키우는 것은 기본이라고 주장했다. 이를 완수하기 위해 중국국부펀드와 걸프펀드까지도 아울러야 한다고 주문했다. 조(兆) 단위 국제 프로젝트는 단일 국가 단위가 아닌 여러 국가와 수많은 관련기업이 함께 진행하는 추세이며 이를 구체화시키는 일에 대해서도 부연했다.

특히 한국의 미래 먹을거리로 떠오르는 원자력발전과 고속전철사업 등은 최우선적으로 글로벌 파이낸스파워 구비가 필수임을 청중 모두에게 각인시켰다. 뭉칫돈의 성격과 용도를 따지기 전에 해외 프로젝트에 걸맞은 금융자산 구비가 최대 관건이라는 점에서도 이견이 없었다. 검은 고양이든 흰 고양이든 쥐만 잘 잡으면 그것으로 우월이 판가름 난다는 등소평의 충고가 지금도 그대로 통하고 있다는 사실이 예사롭게 느껴지지 않았다.

5

국부펀드가 다시 쓰는 금융공학

글로벌 국부펀드 경제학은 2008년 9월의 미국발 금융위기를 기점으로 새로운 시대를 맞고 있다. 역사가 반복의 과정 속에서 흥망성쇠를 겪는 데 뭉칫돈 장사인 국부펀드도 예외가 될 수는 없었다. 거의 모든 국부펀드들이 미증유의 경제지표 하락에 따라 많은 손실을 안게 되었고 이 때문에 2년여의 숨고르기라는 인고의 시간도 보냈다.

그동안 미국 국채매입으로 포트폴리오를 형성하던 이들은 각종 금융상품으로 상품다각화를 지향하면서 서서히 아시아 신흥시장으로 동진을 시작하고 있다. 이를 감지한 서구 선진국들은 국부펀드의 투명성을 노르웨이 국부펀드 수준으로 요구하는 여론을 등에 싣고 발언의 수위를 높였다. 그들은 '산티아고 원칙'을 규제의 가이드라인으로 삼아야 된다고 주문했다. ADIA는 2010년 3월 처음으로 홈페이지를 개설해서 국부펀드 운용 상태를 발표하기에 이르렀다. 비록 일부분의 운용사항에 그쳤지만 말이다.

이처럼 글로벌 국부펀드는 2011년을 맞아 다시 기지개를 켜고 있다. 상하이 증시에서 221억 달러에 달하는 천문학적인 기업공개에 성공한 중국농업은행이 글로벌 국부펀드에 의해 매끈하게 조성이 마무리 되는 과정을 지켜본 세계경제계는 '국부펀드의 위력'을 새삼 실감했다.

도전받는 금융공학

글로벌 금융위기는 선진국 경제질서에 먹구름을 드리운 것만큼 기존의 경제학에도 찬물을 끼얹고 말았다. 기존 경제학의 붕괴조짐은 전방위적이었다. 자유무역을 옹호하는 데이비드 리카도(David Ricardo)의 '비교우위론'을 비롯하여 '합리적 이기주의자'의 가정도, '효율적 시장'의 가설도 지금의 경제현실에 들어맞지 않았다. 이번 금융위기를 겪으며 세계인이 목도한 현실이다.

국부펀드를 아우르는 금융 분야도 마찬가지다. 그리스 위기상황 발발로 점화된 유럽의 재정위기는 역내 단일통화에 대한 경제학적 기대감을 산산조각 냈다. 또 자유무역을 활성화하기 위한 자유무역협정(FTA)은 까다로운 원산지 규제 등으로 오히려 교역의 장애물 취급을 받고 있다. 글로벌 금융위기 이후 한때 득세했던 케인지언(keynesian)들은 남유럽발 제정위기 탓에 다시 입지가 좁아지고 있다.

이런 가운데 기존 경제학의 '함정'은 더욱 음험해지고 있다. 소득 양극화와 고용 없는 성장이라는 함정은 경제학만으로 해결하기에는 너무 복잡하고 위험했다. 정치·경제·사회·문화를 폭넓게 아우르는 새로운 학문체계가 필요한 것이다. 예를 들면 주주자본주의 득세는 주가 상승 집착에 대한 반성을 요구했고, 기축통화는 미국 달러화에서 위안화 등 경쟁통화의 부상으로 이어졌으며, 심지어는 보이지 않는 손의 존재마저 시장의 합리적 행동으로 붕괴의 수순을 밟고 있다. 이렇게 기존의 금융공학이 새로운 세계 경제질서의 도전에 시련을 겪으면서, 국부펀드의 존재와 이용에 대한 기대치에 따라 많은 사회적 변화가 예고되었다.

글로벌 금융의 세 가지 시나리오 – 대변혁 · 생존 · 승리의 길

금융공학은 글로벌 금융위기와 맞물려 변화를 겪었고 이제 제 길을 찾아 나섰다. 살아남을 자와 도태될 자가 가려지는 순간이 다가오고 있다. 금융 시스템과 각종 규제를 등에 업고 운용의 묘를 다스리던 국부펀드들은 금융공학이 금융공장으로 감등하는 것을 막기 위해 피나는 노력을 마다않았고, 그 결과 다시 일어선 것이다. 희망을 본 것이다. 생존해 승리한 자에게는 일찍이 경험해 보지 못한 '대역전극'의 무대가 제공될 것을 믿기 때문이다. 여기서 희망은 미래지향이라는 또 다른 노랫말과 화음을 이룬다. 경제 3주체(국가·기업·소비자)는 2011년을 향한 희망의 노래와 함께 대변혁의 승자로 거듭나기를 염원한다.

역사상 경제위기가 세계를 강타할 때마다 희생자가 양산되었다. 그러나 일단 고비를 넘어서 '위기 이후' 상황에 접어들면 새로운 경제구도가 그려졌고 그때마다 새로운 강자가 등장하곤 했다.

국부펀드가 다시 쓰는 금융공학은 기존의 운용방식과 거리를 두고 미국과 유럽국가의 국채에 목을 맨 사실에 부끄러움을 자각하는 수준에 도달했다. 이를 도식화해보면 글로벌 금융위기에서 얻은 생존전략을 통해 최적화(optimization)를 이루는 길을 찾아 나설 수밖에 없다. 이 길은 전 세계를 아우르는 금융운용이며, 이는 포트폴리오 재편을 전제한 최적화다. 물론 변화한 세계경제질서가 이를 요구한 것과도 무관하지 않다.

여기서 승자의 길이 되는 성장(growth)은 국부펀드의 다변화된 포트폴리오에 따라 인수합병(M&A)·연구개발(R&D)·인재양성·시장개척을 최대화한 것을 기본 골자로 삼는다. 다시 말해 대변혁을 시도하는 몸짓에서 생존을 찾고 여기서 승자의 길로 등극하는 일이다. 다분히 공격적인 국부펀드의 미래상으로 비칠 공산이 없지 않지만 그동안의 큰 손실을 만회할 수 있는 다양하고 대형의 투자 기회가 해를 거듭하면서 많아지고 있다. 문제는 지금의 금융공학으로는 규제와 한계를 벗어나기 어렵다는 경험적 손실이다.

나쁜 사마리아인

장하준 케임브리지대학 교수는 그의 저서 『나쁜 사마리아인』에서 선진국과 개발도상국은 애초에 동등한 경쟁을 할 수 없다고 줄

곧 주장한다. 선진국들은 보호무역으로 성장했으면서 이제 와서 개도국들에게 자유무역을 강요하고 있다는 점을 그 이유로 들었다. 겉으로는 돕는 척하면서 개도국을 수탈하려는 의도가 보인다는 것이다.

그가 선진국을 두 번째로 나쁜 사마리아인으로 보는 이유는 '역사적으로 선진국의 경제발전은 세계화와 자유무역이 아니라 보호무역과 보조금, 각종 특허와 지식보호법에 기초'했기 때문이라고 지적했다. 또 세계화의 논의는 결국 선진국 기업들에게 더 많은 이익을 가져다주기 위한 전략이라고 강변했다.

그는 이런 움직임을 '사다리 걷어차기'로 비유했다. 선진국들이 사다리를 타고 올라가서는 후진국들이 쫓아오지 못하도록 사다리를 걷어차는 경우가 비일비재하다며 그 사례를 조목조목 제시했다. 선진국들이 착한 사마리아인의 얼굴을 하고는 시장개방과 자유무역을 강요하고 있다는 것이다. 글로벌 국부펀드에게 투명성 확보에 관한 자료 제시를 줄기차게 요구하는 이유도 여기에 포함된다.

최근 국부펀드를 둘러싼 논란도 이런 맥락에서 살펴볼 수 있다. 노쇠한 미국과 달러화 약세를 틈타 세력을 넓히고 있었던 글로벌 국부펀드들은 후진국이 선진국으로 올라서는 사다리로 볼 수 있다. 선진국들이 이 사다리를 걷어차려 하고 있고 후진국들은 이 사다리를 새로운 가능성과 기회로 삼고 있다는 점은 시사하는 바가 크다. 선진 금융공학으로 다져진 선진국들이 후진국의 국부펀드에 보인 반응은 '우리가 하면 투자이고 너희가 하면 투기'라는 다분히 억지스러운 편 가르기의 전형인 것이다. 여기서 분명한 것은 투자든 투기든 간에, 그런 양육강식의 논리가 시장의 핵심 메커니즘이라 해도 아무도 국부펀드의 움직임을 막을 수 없다는 사실이다.

최근까지도 헤지펀드들이 남미 등에서 벌여왔던 약탈적 투자형태를 돌아보면 염치없는 짓이라 할만하다. 장하준 교수는 이를 내세워 국부펀드가 다시 쓰는 금융공학의 출발점으로 삼을 필요가 있다고 주장하며 긴 여운을 남겼다.

하얏트호텔 로비에 앉아서

실제로 ADIA 관계자와 나눴던 대화도 위 내용과 대동소이했다. 미팅 장소 역시 자유경제도시 아부다비의 아이콘인 캐피털 게이트에 둥지를 튼 하얏트호텔의 로비였다. 여기가 과연 사막의 나라 중동국가라는 걸 전혀 눈치 채지 못할 만큼 일직선으로 길게 매달린 대형 조명등은 그날따라 더 높여보였다.

글로벌 금융의 세 가지 시나리오와 선진국에 통하는 금융공학, 『나쁜 사마리아인』, 그리고 하얏트호텔 로비에서 ADIA 관계자와 나눈 대화를 천천히 음미하는 동안 자유경제도시 아부다비의 미래가 황량한 사막의 신기루만이 아니라는 믿음이 천장의 샹들리에 불빛 속에서 물안개처럼 안겨왔다.

Chapter 2

Abu Dhabi Economy 2030

1

Catch me, If you can

자본경제도시 아부다비의 아이콘이 캐피털 게이트라면 도시의 미래는 엑설런트(excellent) 도시국가의 등극과 완성으로 요약할 수 있다. '특별함'과 '차별함'의 극대화를 지향하는 도시국가 아부다비에게 전 세계인이 이구동성으로 칭찬해마지않는 찬사는 '미래가 영그는 엑설런트 도시국가'로 요약된다. 빈말이 아니다. 실현 가능성 또한 높기에 이와 같은 찬사를 받는 것이다.

그것은 인구 180만 명의 도시국가 아부다비가 엑설런트 도시국가로 등극되는 것에 대한 경이로움이다. 그리고 세계 최대의 국부펀드 ADIA의 규모와 자금 운용에 명분론으로 '미래설계'를 설정해서 올인하고 있음에 대한 놀라움이다. 마지막으로 도시국가 아부다비가 제시한 목표가 매우 극적이기 때문이다.

아부다비의 미래전략서로 대접받고 있는 『아부다비 경제계획 2030(Plan Abu Dhabi 2030: Urban Structure Framework Plan)』은 모두 9개장으로 180쪽 분량이다. 이 경제계획은 아부다비 도시의 소개로 시작해 미래제시까지 '2030년의 아부다비 도시 완성'을 구체적으로 담고 있다.

하루 250만 배럴 석유수출로 국부를 쌓아올린 아부다비가 오는 2030년까지 총 3,000억 달러를 투자하여 도시 리모델링에 나설 것을 발표한 내셔널 마스트플랜이 바로 이 경제계획서다. 최근 KOTRA(Korea Trade-Investment Promotion Agency, 대한무역투자진흥공사)가 아부다비의 투자전망이 '쾌청'하다며 밝힌 내용이기도 하다. (www.kotra.or.kr 2010년 8월 23일)

이 보도자료에 따르면 도시국가 아부다비가 2030년까지 완수할 주요 프로젝트 명세가 더 눈길을 끈다. 캐피털 시티 조성 규모 400억 달러를 비롯하여 야스 섬(370억 달러)과 루브르박물관 아부다비 분원이 들어설 사디야트 섬(275억 달러), 세계 최초의 탄소제로도시 마스다르 조성(220억 달러), 그리고 얼 라하 비치 개발(150억 달러) 등이다. 여기엔 아부다비 도심에서 330km 떨어진 실라 지역에 세워질 원전단지 구축비용 400억 달러도 포함된다.

인구 180만 명의 도시국가가 이러한 규모의 프로젝트를 제대로 수행하기 위해서 막대한 자금이 반드시 필요하다는 점을 생각하면 그 재원의 창구로서 ADIA의 역할과 존재가치는 더욱 빛이 난다.

MB정부는 아부다비 국부펀드와 협력 MOU 체결

2009년 11월 6일. 국내외 언론매체들의 헤드라인은 대체로 다음과 같았다.

'이명박 정부, 세계 최대 국부펀드인 ADIA와 협력 양해각서(MOU) 체결'

기사에 따르면 이날 기획재정부는 이용걸 재경부 제2차관 주관으로 한국 국부펀드인 KIC와 ADIA 사이에 양해각서를 체결했다고 밝혔다. 이번 협력 양해각서는 양국 국부펀드 간 정보교류와 공동투자기회 모색 등의 내용이 담긴 것으로 알 나흐얀(Al Nahyan) ADIA 사장과 진영욱 한국투자사장이 서명했다. 양해각서 체결에 따라 앞으로 ADIA가 KIC의 해외 투자 시 적극 협조하는 등 두 나라 국부펀드는 서로 정보교류와 공동투자 기회 모색에 힘쓸 것이다.

이를 확인하듯 언론매체들은 다시 한 달 만에 '400억 달러에 달하는 원자력발전소 수주'라는 건국 이래 최대의 플랜트 건설프로젝트 성사를 대서특필했다. 이명박 정부와 도시국가 아부다비 사이에 맺어질 66년 밀월이 이렇게 시작되었다. 여기서 66년은 원자력발전소 건설기간 6년과 운영기간 60년을 뜻한다. 원자력 건설과 운영비용은 자그마치 400억 달러나 된다. 경제적 효과는 30만 톤급 유조선 40대 수출과 맞먹고 소나타급 승용차 160만 대 수출과 비슷할 것으로 추정된다.

사실 고리 1호기 운영 이후 30년 동안 한국은 원전수출에 목을 매고 있었다. 원전 운영과 안정성 확보로는 세계적인 모범국가에 속하지만 원전수출에서는 통하지 않았다. 입찰서류 제출부터 번번히 고배를 마시는 형국이었다. 칠전팔기가 따로 없었다. 원전 해외건설 실적이 없다는 이유에서다. 이집트와 중국 시장 진출은 애시당초 꿈도 꿔보지 못한 희망사항으로 남았었다. 이런 상황에서 아부다비가 한국 측 손을 들어준 것이다. 세계적인 원전건설 터줏대감 프랑스의 아레바 컨소시엄을 따돌리고.

여기까지는 국내외 언론매체를 도배했던 내용이라 딱히 새로울 건 없다. 하지만 돌이켜 생각해보면 건국 이래 최대의 플랜트 수출인 원전 수주는 도시국가 아부다비가 제공한 자본을 배경으로 ADIA가 운용하고 있는 뭉칫돈의 위력을 등에 업고 있음을 알 수 있다. 반드시 기억해야할 일이다.

신흥 세계 일류 도시로 거듭나는 아부다비

세계적인 도시건설 컨설팅회사 존스 랑 라살(Jones Lang LaSalle)은 2007년 8월 '도약하는 세계 일류 도시'라는 장문의 보고서를 발표한 바 있다. 미국 시카고에 본부를 둔 존스 랑 라살은 도시국가 아부다비가 '신흥 세계 일류 도시(Emerging World Winning City)가 될 수 있는 최적의 요건을 갖추고 있다'고 평가했다. 그들은 아부다비가 2015년까지 걸프지역협력위원회(GCC) 권역의 중심도시로, 2020년까지 아랍문화 허브를 지향하는 문화도시로, 2030년까지 세계 초인류 도시로의 등극을 예견했다.

지난 2002년부터 스타 도시 발굴 프로그램을 운영해온 존스 랑 라살은 중국, 인도, 라틴 아메리카, 중동지역 등 130개 신흥도시들에 대한 지속적인 모니터링을 해왔고 도시 잠재력 분석 분야에서는 독보적인 업체다. 이 업체는 아부다비에 대해 '글로벌 명품 도시의 등극을 예측하면서 도시 비전과 규모, 투자 예산 명세와 투자 지역을 자세하게 소개했다. 분석 내용에는 아부다비가 엄청난 부를 창출할 수 있는 기회의 땅으로 막대한 사회간접자본의 집행, 미래 도시 계획이 담긴 청사진 소개와 함께 분명한 지도자의 비전과 탁월한 국가도시의 운영체제 수립, 그리고 천문학적인 오일자본의 가용성을 통해 지속가능한 성장 등을 주요 장점으로 꼽았다.

존스 랑 리살의 예측은 『아부다비 경제계획 2030』을 통해 자세한 밑그림으로 확인되었고 이러한 도시국가 저력의 배후에는 ADIA가 있다는 점을 배제하지 않았다. 실제로 아부다비는 도시 이미지로 이를 공론화했다. 이미 ADIA가 운용하고 있는 거대한 자본력을 등에 업고 이를 개발의 운동력으로 삼아 도시국가 리모델링에 착수했음을 어렵지 않게 유추가 가능했다.

아부다비의 세 가지 이미지

도시국가 아부다비를 상징하는 세 가지를 꼽으라면 사막과 석유, 그리고 아라비아 해가 펼쳐진 아름다운 바다였다. 그러나 지금은 아니다. 글로벌 금융위기를 겪으면서 변화와 개선을 통한 도시 창조를 새로운 방향으로 설정했기 때문이다.

이러한 변화의 종착점은 아랍문화의 허브를 넘어 세계가 격찬한 문화도시로의 등극일 것이다. 이를 현실화시키기 위해 우선적으로 뭉칫돈을 쏟아부을 수 있는 기반이 되는 국부펀드 운용에 대한 명분론이 설득력을 배가시킨다. 또 다른 명분은 포스트오일머니(post-oil money)의 준비와 프랑스 파리를 닮은 문화도시의 실현이다. 이 세 가지 아부다비 미래 비전은 사막과 석유, 그리고 바다를 아우르면서 엑설런트 도시로의 등극으로 정리해도 좋을 터다. 이를 간파한 KOTRA는 앞에서 소개한 대로 '아부다비 쾌청'을 통해 오는 2030년까지 3,000억 달러를 투자하려는 아부다비의 변신과 미래 비전을 '당신이 나를 잡으려면 문화적 창의성과 기술을 다오'라고 정리했다. 'Catch me If you can'에서 더 확장된 표현이다.

분명 여기에도 한국 관련업계의 관심을 유발하고 동참을 권유하는 메시지가 들어 있을 것이다. 도시국가 아부다비는 리모델링을 위해 오는 2030년까지 3,000억 달러를 투자할 예정이다. 그리고 향후 66년간 한국과의 원자력 밀월의 이면에는 ADIA의 명분과 존재의 이유가 깔려있다.

2

내가 하면 투자, 네가 하면 투기

'아부다비 경제계획 2030'은 ADIA의 투자운용과 미래비전을 함께 조명한다. 아부다비가 아랍문화를 넘어 전 세계가 극찬하는 엑설런트 도시로의 변신을 지향한다는 점은 의심할 여지가 없다. 하지만 실현가능성은 얼마나 될까. 만에 하나 글로벌 금융위기가 다시 찾아온다면 목표 달성에 차질이 생기지는 않을까.

정답은 없다. 아니 정답은 유보해야 할 것이다. 금융위기를 전후해 도시국가 아부다비의 경제 성장률은 많은 기복을 보였기 때문이다. 예를 들면 2008년은 7.8%, 2009년은 -2.7%, 지난해는 2.6%를 기록했다. 이 지표는 아무리 세계 유가가 고공행진을 하더라도 세계 경제가 흔들리면 그 파장은 비껴가기 어렵다는 사실을 보여준다. 최근 외신들마저 ADIA가 그동안의 손실을 만회하기 위해 예전의 투자 패턴과 투자 지역에 변화를 주기 시작했다고 보도하고 있지만, 이는 세계 경제의 흐름에 따라 2030년의 경제계획은 더 늦어질 수 있다는 사실을 확인해주는 것이기도 하다.

가변성을 내재한 국부펀드의 운용은 항상 세계 경제의 흐름과 경기변동에 민감하게 반응하게 되어 있다. 반대로 풍부한 유동성을 갖춘 ADIA에게 미국과 유럽경제가 지금처럼 계속 흔들린다는 것은 20년에 한번 올까 말까 하는 기회일 수도 있다. ADIA는 그동안 투자 패턴으로 고집했던 채권과 주식에서 다른 투자 패턴으로의 움직임을 생각하지 않을 수 없었을 것이다.

기업인수합병과 부동산 투자 등 전방위로 투자 패턴을 바꾸거나 시도하는 일은 고려대상이고 동시에 그렇게 진행되고 있음이 목격되기도 했다. 다시 반복하자면 그 대표적인 사례 중 하나는 멕시코만 원유유출사고로 흔들리고 있는 영국 브리티시페트롤리엄사의 지분 10%를 인수하는 방향으로 국부펀드 운용을 검토 중인 것을 들 수 있다. 다음으로는 자국 항공사인 에티하드항공의 유럽 노선 확장을 위해 영국 런던의 게트워크공항의 지분을 15% 인수한 것을 들 수 있다.

쌀 때 배팅하라

총성 없는 전쟁이 시작되었다. 각국 국부펀드들이 ADIA처럼 영토전쟁에 돌입하기 시작했다. 방아쇠를 당긴 것은 중동지역의 걸프펀드와 중국의 국부펀드인 CIC다. 그들은 에너지와 석탄을 투자 목록에 포함시킨 것도 부족해서 항만과 대학까지 범위를 넓히고 있다.

CIC는 2010년 9월 미국 하버드대학과 협상을 진행 중이다. 2007년 2,000억 달러로 시작한 CIC는 하버드대학 기부금펀드가 보유하고 있는 12개 부동산 가운데 6개를 6억 달러에 인수하기에 이르렀다. 미국 대학 가운데 최대 규모인 하버드대학 기부금펀드(260억 달러)는 이번 글로벌 금융위기를 거치면서 50% 이상 손실을 기록했었다. 이 때문에 하버드대학은 학교가 소유한 부동산 펀드를 모건스탠리 등 대형은행에 매각하려 했지만 거래는 결국 무산되었다. 여기에 그치지 않고 CIC는 캐나다 자산운용회사인 브룩필드 에셋 매니지먼트와 10억 달러 상당의 거래를 마무리했다. 운용자산 240억 달러를 보유한 브룩필드 에셋 매니지먼트는 미국과 유럽을 중심으로 부동산과 전력 인프라에 투자하는 회사다. 따라서 ADIA의 투자 다양화는 CIC의 경향과 대동소이하다고 할 수 있다.

두 나라의 국부펀드는 외형상 에너지와 대학의 확보에 주안점을 두면서 다른 한편으로는 해외 에너지자원 확보와 신기술 이전이라는 다른 목적도 숨기고 있다. 국부펀드를 이용해 신성장산업 기업을 사들여서 미래를 대비하는 것이다.

안티 세력의 등장

중국과 중동지역 걸프펀드의 움직임과 영역 확장에 반대하는 세력이 고개를 들기 시작했다. 우선 미국의 채권과 주식에 투자했던 이들이 전방위 투자패턴을 보이기 시작하자 미국 정부는 국부펀드를 규제하기 시작했다. 이를 투명성 확보라는 측면에서 다시 읽으면 '내가 하면 투자(投資)이지만 네가 하면 투기(投機)다'로 요약할 수 있다. 규제의 명분은 '어떻게 국가 단위를 기업 단위와 동격으로 대접할 수 있으며, 동시에 동급으로 경주할 수 있느냐'는 것이다. 이치로는 맞는 말이다. 실리로도 맞는 지적이다. 투자가들의 자금을 몰아 뭉칫돈을 운용하는 헤지펀드와 무츄얼펀드로서는 이유 있는 항변일 수 있다. 그러나 앞에서 소개한 대로 돈에는 꼬리표가 없다. 흔적이 남는다면 인터넷을 통한 거래 내역일 뿐이다.

미국 뉴욕 월가에 포진하고 있는 헤지펀드와 무츄얼펀드들이 합세하여 이들을 압박하는 모습은 '총성 없는 전쟁'의 예고편을 보는 것과 하등 다르지 않다. 뭉칫돈의 싸움은 찻잔의 흔들림에 그치는 것이 아니라 글로벌 금융시장에서 핵폭탄급 경제전쟁을 준비하는 것과 다름없다.

반대를 위한 반대와 찬성을 위한 찬성

나는 이번 장의 '아부다비 경제계획 2030'에서 향후 3,000억 달러에 달하는 도시국가 리모델링에 한국기업의 동참과 참여를 제안한 KOTRA의 '아부다비 쾌청'을 소개했다. 여기에 대한 메시지로

'잡을 수 있으면, 잡아보라(Catch me, If you can)'라고 소개했고, 다시 '내가 하면 투자, 네가 하면 투기'라는 상반된 내용의 진실게임으로 결론짓고 있었다. 정반대의 역설 가운데 본심은 아마도 '속살을 보일까, 속살을 보이지 말까'로 대신하면 어떨까 싶다.

3

속살을 보일까, 속살을 보이지 말까

옛날부터 돈은 비밀주의의 속성을 닮았다. 비밀주의의 극치를 이루고 있다는 표현이 더 사실에 가깝다. 돈에는 꼬리표가 없기 때문에 이를 운용하는 주체마다 이를 명분으로 삼아 은밀하고 비밀스럽게 운용하는 것이 일반화되었다. 이것이 돈에 관한 일반적인 개념이 아니었다면 돈에 대한 우리의 집착은 지금보다 훨씬 덜할 것이고, 돈에 대한 평가는 일반재화의 수준에 머물렀을 터다.

'아부다비 경제계획 2030'을 책임지고 있는 ADIA의 경우도 이러한 돈의 속성에 따라 지금까지는 국부펀드 운용 내역을 공시하지 않았다. 아랍의 여자들이 부르카로 치장해서 속살을 보이지 않듯이 국부펀드의 규모와 포트폴리오 내용, 그리고 거래처를 발표하지 않는 것은 당연하게 여겨졌다. 걸프펀드의 쿠웨이트 국부펀드는 아예 이를 법령으로 묶어버렸다. 이 때문에 선진국들은 국부펀드의 전략과 파급효과에 대해 우려의 목소리를 높일 수밖에 없었다. 가령 국부펀드들이 정치지도자들의 지시에 의해 비밀스런

전략을 수행하지는 않을까, 신흥 개발도상국과 중동지역의 정치지도자들이 외교정책 목표를 달성하기 위해 국부펀드를 동원지는 않을까, 원유나 천연가스 등 에너지자원이나 항만 같은 핵심인프라에 대한 전략적 지배를 추구하지 않을까 등이다.

금융위기 이후 국부펀드에 대한 규제와 견제가 글로벌 이슈가 되면서 속살을 보이지 않을 수 없게 되었다. 최근 '산티아고 원칙'이 규제의 가이드라인으로 등장함에 따라 자구책이 필요했고 이는 속살을 보여야 하는 금융시스템이 작동한 것과 무관하지 않다.

비밀주의는 벗고 투명성은 높이고

지금껏 ADIA는 전체자산 규모를 공개하거나 연차보고서를 발표한 적이 없다. 또한 지난 2008년 5월 이전까지만 해도 홈페이지에 상호와 주소 등 기본적인 정보만을 게재했다. 게다가 ADIA의 고위경영진들은 1976년 국부펀드 조성 이후 단 4건의 인터뷰에만 응했고, 본사를 방문할 수 있는 외부인사는 직원을 제외하고는 비즈니스로 만나는 고위급 금융맨으로 한정했다.

이처럼 폐쇄적인 조직운영에다 자금운용의 비밀주의가 기정사실화 되었고 여기에 뭉칫돈에는 꼬리표를 달지 않는다는 고정관념을 지켜나갔다. 그러나 ADIA는 '산티아고 원칙'에 따라 2009년 3월부터 자사 홈페이지를 개설하고 일정 부문을 공개하기 시작했다. 1976년 국부펀드 운용 이후 한 번도 자산규모를 공개하지 않았던 것과 비교하면 천지개벽 수준이다. 33년만의 속살을 벗기 시작했다는 점에서 그렇다. 지금은 '산티아고 원칙'의 24개 항목을 지키려는 모습마저 보여주고 있다.

이러한 변화는 거의 비밀주의를 포기하는 수준이다. 2007년 10월 G7 재무장관과 중앙은행 총재들이 함께 제안한 다음과 같은 규제의 가이드라인이 힘을 실었던 것이 분명하다. "우리는 제도적 구조와 리스크 관리, 수익액과 수입처를 확인 가능한 수준의 투명성 등 국부펀드에 적합한 최선의 관행(best practice)을 요구한다."

실제로 4,430억 달러에 달하는 노르웨이 국부펀드는 실적과 비용에 대해 투명하게 공개하는 모범을 보였다. 그들은 수천 개 기업들의 소수 지분(small stakes)을 통해 국부펀드를 운용했고 50명에 달하는 외부 펀드매니저들에게 운용권을 분배해서 투명성을 높였다. 이 펀드가 공개한 자료에 따르면 자산의 78%를 내부에서 운용하고 있지만 내부 펀드매니저들은 전체 리스크 가운데 39%에 대해서만 책임을 지고 있다. 따라서 노르웨이 국부펀드는 외부 펀드매니저를 활용함으로써 시장 조작의 비난과 질타를 받을 소지가 없다고 봐도 무방하다. 이러한 투명성에 힘입어서 노르웨이 국부펀드는 글로벌 금융위기 직전까지 17% 수익률을 올렸다. 이는 싱가포르의 18%에 버금가는 수익률에 해당한다.

국부펀드 운용의 교과서로 대접을 받고 있는 노르웨이 국부펀드의 가이드라인 준수는 지금 이 시간에도 전 세계 펀드매니저에게 바이블에 가까운 지침이다. 그래서 속살의 의미는 지고(至高)·지순(至純)·지대(至大)와의 동의어이자 동격이 될 수 있다.

4 자연섬 개발이냐, 인공섬 개발이냐

어느 날 조물주는 섬을 하나 만들었다. 자신이 직접 만들었지만 그 아름다움에 놀라 오랫동안 머물지도 못한 채 하늘로 올라갔다. 이 전설의 섬, 이탈리아의 카프리 섬은 코발트 빛 바다와 신비한 푸른 동굴로 세상 사람들에게 자연의 아름다움을 한껏 뽐내고 있다. 고대 로마의 아우구스투스 황제는 이스키아 섬을 이곳과 바꾸었을 만큼 카프리에 대한 사랑이 대단했다. 그는 카프리 섬에 별장을 지어 여름이면 카프리가 제공하는 모든 것을 즐겼다.

나폴리 산타루치아 항구에서 뱃길을 따라 40분쯤 달리면 '천의 얼굴'을 가진 환상적인 카프리 섬의 풍광을 만날 수 있다. 휴양지답게 매년 여름이면 많은 사람들이 이 섬을 찾는다. 최근에는 아랍 부호들이 사막의 여름을 피해 즐겨 찾는 곳으로 유명세를 더하고 있다. 매년 7·8월이면 아부다비 날씨는 평균 45도를 오르내리는데, 이를 피해 아부다비의 시민들은 아우구스투스 황제처럼 카프리 섬에서 여름을 보낸다.

'아부다비 경제계획 2030'이라는 대역사에 몰입하던 아부다비 경제 관료들도 카프리 섬에서 지친 머리와 몸을 추스르곤 한다. 분명 이들은 아부다비가 구축하고 있는 문화의 섬인 사디야트 섬과 야스 섬이 이탈리아 카프리 섬처럼 전 세계 관광객이 운집하는 관광명소가 되길 희망하고 있을 것이다.

두바이 인공섬 개발과 아부다비 자연섬 개발

아랍에미리트연합의 다른 도시국가 두바이는 해안선을 연장하는 공사로 인공 섬 개발에 적극적이다. 팜 아일랜드 프로젝트로서 팜 주메이라와 팜 제벨알리, 그리고 팜 데이라로 이루어져 있다. 두바이가 가지고 있는 영토에는 섬다운 섬이 없기 때문에 인공 섬 개발에 열을 올리고 있는 것이다.

반면 아부다비에는 크고 적은 섬들이 아라비아 해를 마주보고 자리를 잡고 있다. 아부다비는 비싼 구축비가 들지 않는 자연 섬 개발에 나서서 좋은 대조를 이루고 있다. 사디야트 섬과 야스 섬이 그 대표적인 케이스다. 아부다비의 관문인 아부다비국제공항에서 차로 30분 거리에 위치한 자연 섬인 사디야트 섬에는 루브르 박물관 중동 분원과 구겐하임박물관 중동 분관, 자이드국립박물관과 해양박물관 등이 구축되고 있다. '사막의 루브르(Desert Louvre)'라는 별칭으로 불리는 루브르박물관 중동 분원은 연면적 2만 4,000m^2 규모로 2012년에 완공될 예정이다.

야스 섬에서는 포뮬러 원(Formula One)의 굉음을 들을 수 있다. 최근 야스 섬에 완공된 '페라리 월드'는 세계 최대 실내 테마파크를 지향하고 있다. 고급 스포츠카 '페라리'의 차체를 형상화한 테마파크의 빨간색 지붕에는 66m에 이르는 페라리 엠블럼이 새겨져 있다.

'아부다비 경제계획 2030'은 야스 섬 개발에 370억 달러를 투자했고, 사디야트 섬 개발에는 275억 달러가 소요될 것으로 예상했다. 이 엄청난 자연 섬 개발비용 역시 도시국가 아부다비가 제원을 만들고 이를 운용하는 ADIA가 돈을 벌어서 구축비를 제공하고 있다.

제2부는 다음과 같이 요약할 수 있다.

'아부다비 경제계획 2030'의 원자력발전소 건설에 따라 한국과 아부다비는 향후 66년 밀월의 시대를 구가할 동반자의 길로 접어든다. 때문에 엑설런트한 도시로 등극하려는 아부다비 미래설계를 넘어 초미의 관심사인 아부다비투자청의 뭉칫돈 운용까지 주요 관심의 대상으로 삼아 그에 대한 연구를 다각도로 시작하는 것이 시의적절한 조치일 것이다.

Chapter 3

ADIA Annual Report

1

세계는 국부(國富) 전쟁 중

중국의 외환보유액은 물경 2조 4,543억 달러에 달한다. 지난해 4분기엔 외환보유액이 1분에 200만 달러씩이나 늘었다. '차이나 달러'라는 말이 글로벌 금융시장의 화두로 등장할 정도다. 여기에 고유가 행진에 힘입은 중동지역 오일머니가 합세하여 글로벌 금융시장 흐름이 좌우될 가능성이 높아졌다. 세계의 국부(國富)가 이들 쌍끌이 진행에 따라 새로운 전기를 마련할 수 있다고 판단되는 이유다. 이미 이들은 국제적 규제의 벽인 '산티아고 원칙'을 등에 업고 변화를 향한 암중모색에 나섰다.

올해로 국부펀드의 세계는 제4기에 접어들었다. 싱가포르가 테마섹을 운용하던 1974년이 태생기라면, 진입기인 제2기는 이를 벤치마킹한 ADIA의 출현으로 시작된다. 제3기가 2008년 9월 미국발 글로벌 금융위기로 숨을 죽이던 정지기였던 만큼 CIC의 등장과 함께 공격적인 국부전쟁에 돌입한 지금의 제4기 성장기는 더욱 주목의 대상이 되었다.

중국이 공개적으로 '테마섹 벤치마킹'을 선언한 이후 국부펀드의 투자성향도 공격적으로 변하고 있다. 이와 같은 전방위 투자 패턴에 전 세계 금융인들이 숨을 죽이며 지켜보고 있다. 단순히 외환보유액 등 정부 잉여자산을 위탁받아 운용하는 것이 아니라 CIC가 직접 채권을 발행해 뭉칫돈을 불린 후 중국인민은행에서 달러를 사오는 방식을 채택하고 있어서 더욱 그렇다.

이를 숨죽여 지켜봤던 ADIA가 제4기의 승자로 등극하기 위해 모든 역량을 쏟아붓고 있다. 그대로 두면 입게 될 손실과 입지의 위축이 그들의 자존심을 건드린 것이다. 얄밉게도 자존심을 건드린 것은 공격적인 해외투자를 감행한 CIC의 행보였다. 상품 수출로 벌어들인 돈을 차곡차곡 모아 세계 최대 외환보유국으로 등극하면서 제4기를 활기차게 열고 있는 이들의 약진은 예전에는 볼 수 없었던 새로운 양상이다.

동반상승의 기회

ADIA는 보고서를 통해 2008년과 2009년 두 해 동안 5%의 손실을 입었다는 사실을 숨기지 않고 발표했다. 글로벌 국부펀드의 새로운 강자 중국 국부펀드를 주저하지 않고 힘겨운 경쟁상대로 인정했으며, 함께 동반상승하는 전술적 태도를 보이기 시작했다. 3조 달러에 달하는 이슬람 머니를 아우르면 중국 국부펀드와 쌍벽을 이룰 수 있다는 자신감 또한 숨기지 않았다.

아부다비의 야경

글로벌 국부펀드 제4기 성장기를 맞은 현재 ADIA에게 변화의 자극제가 되었던 CIC의 공격적 해외투자는 실로 메가톤급의 위력을 발휘했다. 중국에는 2007년에 조성된 2,890억 달러 규모의 CIC를 비롯하여 SAFE Investment Company 등 4개 국부펀드가 있다. 이들 펀드의 합계 규모도 7,874억 달러에 달한다. CIC는 상품투자와 해외 자원기업의 지분 인수에 적극적이다. 또한 중국 정부는 최근 특별히 아프리카 자원 투자를 위해 2007년에 50억 달러 규모의 국부펀드를 조성했다. 중국 기업들은 2009년 한 해에 전 세계 에너지 및 광산 분야에서 320억 달러 규모의 자산을 확보하기도 했다.

국부펀드 CIC의 막대한 수입

특히 CIC가 글로벌 금융위기 와중에도 해외 고위험 · 고수익 자산에 대해 공격적인 투자를 감행한 것은 공공연한 비밀 중 하나였다. 투자 결과 2009년 한 해 동안 해외 자산운용 분야에서 11.7%의 수익을 기록한 것은 지금 세계가 제4기 국부펀드 성장기로 접어들었다는 신호로 보아도 될 듯하다. 2010년 7월 월스트리트저널(WSJ)은 CIC 보고서를 인용해 이같이 보도하면서 이런 결과는 각각 -2.1%와 0.7%에 그쳤던 2008년과 2007년 수익률에 비해 크게 개선된 것이라고 지적했다.

지난 2009년 CIC는 미국과의 정치 및 경제적 갈등에도 불구하고 북미 시장에 전체 투자금의 43.9%를 집중 투자하며 미국에 집중하고 있다는 것을 보여주었다. 여기에 2009년 11월 15억 8,000만 달러를 투자해 미국 전력회사 AES 인수하는 등 기업 지분에 참여한 것까지 포함하면 투자 규모는 더 커진다.

러우지웨이 CIC 회장은 보고서를 통해 2010년의 투자 환경을 언급하며 "세계경제 상황이 불투명하게 진행되고 있어 시장상황은 갈수록 유동적이다"라고 밝히면서 "우리 CIC는 미래에 대한 긍정적인 안목으로 장기적인 투자를 계속 할 것이다"라고 덧붙였다.

ADIA가 추구하는 동반상승의 길

최근 들어 중국 국부펀드 CIC의 수익증대 결과는 CIC에게 자극적인 촉매제로 작용하기 시작했다. 2부에서 살펴보았던 대로 ADIA는 아부다비 사회 기반 시설의 건설 비용 3,000억 달러를 책임지고 있기 때문에 촉매제는 부족하고 동반상승의 길을 택한 것으로 이해할 수 있다. 그게 가능할까. 말처럼 쉽게 이루어질까. 현실적으로 동반상승이 최선의 길일까.

글로벌 금융위기를 거치면서 큰 뭉칫돈을 잃은 그들에게 진로 모색은 쉽지 않을 터다. 그렇다고 CIC의 공격적, 선제적 투자정책을 외면할 수도 없다. 그렇다면 이 세 가지 의문과 기우를 가늠하는 일이 과제로 남는다.

결론부터 말하자면 글로벌 국제펀드의 최대 운용자라는 명분을 내세워 수익이라는 실리를 찾고 동시에 도시국가 아부다비의 미래까지 알차게 챙기기 위해서는 동반상승도 하나의 대안이라는 판단이 작용했을 것이다. 최근 ADIA가 발표한 보고서를 통해 이를 확인할 필요가 있다. 동반상승을 유도(?)한 CIC를 참고해서 이제부터는 ADIA의 연차보고서를 분석해보자.

2

금격(金格)의 속살 보고서

보통 내과의사는 환자를 검진할 때 먼저 혈압과 눈의 상태를 체크한다. 혈압 검사가 몸 상태를 체크한다면 눈은 환자의 전체적인 건강 상태를 가늠할 수 있다고 한다. 같은 이유로 ADIA의 건전성과 안정성, 그리고 뭉칫돈 운용 상태와 속살을 파악하기 위해서는 연차보고서(Annual Report)가 그 길잡이가 된다.

ADIA가 모처럼 발표한 연차보고서(2009년 발행 33쪽)를 원문 그대로 부록으로 게재했다. 그리고 이번에 소개할 내용은 보고서에 수록되지 않은 히든 스토리에 초점을 맞췄다.

ADIA의 미션

도시국가 아부다비가 국부펀드 ADIA를 설립한 것은 1976년이다. 올해로 꼭 35년이 지났다. 앞에서 소개한대로 싱가포르 테마색을 벤치마킹해서 이들보다 2년 후에 문을 연 것이다. 한마디로 '에미리트의 복지사회 건설(maintain the welfare of Emirate)'의 완성이다. 석유를 팔아서 벌어들인 돈을 뭉칫돈으로 만들고 다시 국부펀드라는 이름으로 포장해 돈 장사를 하겠다는 말이다.

도시국가 아부다비 시민들에게는 건강한 도시국가를 건설하기 위한 경제적 비용을 만드는 일이 알파와 오메가다. 석유정치학적 개념에서 얻어낼 국가적 어젠다로서의 돈 장사를 통한 명분과 실리, 그리고 확실한 미래까지 알차게 챙기는 것이 ADIA의 미션이다. 적절한 비유가 될 수 있을지 모르지만 KIC의 비전인 'KIC의 성공은 곧 한국금융의 발전이다. KIC는 국내 자산운용업의 발전과 금융시장의 선진화를 추진함으로써 대한민국이 고부가가치 금융 산업의 중심지로 성장해 나가는데 기여할 것이다'와 동격의 미션으로 볼 수 있다.

투자 포트폴리오와 자산운용 포지션

뭉칫돈 장사에서 투자 포트폴리오는 가장 중요한 전략적 가치를 지닌다. 개인이 가계를 풍요롭게 만들기 위해 은행에 들어서면 창구 직원은 가장 먼저 투자 포트폴리오 매뉴얼을 펼치고 상담에 임한다. 그만큼 돈 장사에서 투자 포트폴리오는 매우 중요한 운영의 체크 포인트이다. 따라서 ADIA의 투자 포트폴리오와 자산운용 포지션은 ADIA의 운용지침과 이해의 잣대에서 맥박이고 또

눈의 진찰에 속한다.

ADIA는 투자 포트폴리오를 크게 두 가지 아이템으로 나누어서 운용하고 있다. 지역별 분리투자(By Region)와 자산운용등급(By Asset Class)이다. 우선 지역별 분리투자를 살펴보면, 원래 최소(Min)와 최대(Max)로 세분화해서 운용하고 있지만 이번 보고서에서는 투자비중치만 소개하고 있다.

◇ 아시아	36%
◇ UAE	31%
◇ 중동지역 및 아프리카	11%
◇ 유럽	12%
◇ 아메리카	8%
◇ 오스트레이아 및 뉴질렌드	2%

신흥국가가 다수 포진된 아시아가 가장 높고 뒤를 이은 UAE는 31%의 비중치를 보여주고 있다. 아메리카는 8%로, 2001년 9 · 11테러와 미국발 글로벌 금융위기에서 큰 손실을 입으며 점차 축소경향을 보인다.

자산구성비에는 최대와 최소를 적용하고 있다. 포트폴리오에 따르면 개발자산(Developed Equities)이 가장 높고, 그 뒤로 신흥시장 자산과 국채가 같은 비율이다.

	Min	Max
◇ 개발자산	35.0%	45.0%
◇ 신흥시장자산	10.0%	20.0%
◇ 국채	10.0%	20.0%
◇ 신용자산	5.0%	10.0%
◇ 부동산자산	5.0%	10.0%
◇ 개인자산	2.0%	8.8%
◇ 현금(Cash)	0.0%	10.0%

중동 경제의 변화와 해외투자 동향

ADIA를 포함한 걸프펀드들은 포스트 오일 시대에 대비하기 위한 장기 정책을 추진하고 있다. 우선 2조 달러 규모의 걸프펀드와 3조 달러에 이르는 이슬람 금융을 업고 미래 재원마련에 주력하고 있다.

과거 미국의 국채와 주식 등 서방 선진국의 안정적인 금융자산 위주의 투자에서 최근에는 고수익성 금융상품과 부동산, 기업 지분 등 아시아 및 이머징 마켓으로 투자대상의 다양화를 모색하는 방향으로 변화하고 있다.

이는 크게 세 가지 변화로 정리할 수 있다.

첫째, 투자기준의 변화와 실리 추구다. 안정성 위주에서 수익성을 함께 추구하는 전략적 투자기준의 발전으로 이어졌다.

둘째, 투자지역의 이전과 변화다. 지금까지는 미국 및 유럽지역 투자를 줄이고 대신 아시아 및 이머징 마켓으로 옮기는 추세다.

셋째, 투자대상의 다양화다. 과거에는 투자 대상이 은행 예금이나 선진국 국채로 한정됐지만 이제는 기업인수합병(M&A)을 비롯하여 부동산, 전력 및 항만 인프라로 그 대상을 넓히고 있다. 이러한 변화의 다변성은 최근 ADIA의 연차보고서에 수록된 내용으로서 국격(國格)의 속살 엿보기에 주된 변화이자 다양성 추구의 내용이라고 정리할 수 있다.

돌다리도 두드리며 건너는 리스크 관리

하지만 ADIA에게 리스크 예상과 방지는 절체절명의 과제다. 이번 금융위기로 큰 손해를 보았기 때문이다. 이를 만회하기 위해 ADIA는 그동안 가보처럼 지켜온 모든 투자전략을 새롭게 정리하며, 새로운 전략이 필요했다. 바로 '미래 설계'를 위한 전략적 대응책이다. 이를 위해서 리스크 대응책을 발표하였고 동시에 투자전략의 대변혁으로 해석되는 윈—윈—윈 테크를 수립했다.

다음 장에서는 ADIA의 리스크 관리와 '윈—윈—윈 테크'를 차례로 소개한다.

3

문제는 리스크 관리다

ADIA 본사에는 40여 개의 나라에서 온 1,100명이 넘는 직원들이 투자대상 찾기와 투자대상 리스크 관리에 매달리고 있다. 연차보고서에 자세하게 기록되어 있듯이 리스크 관리는 ADIA의 미래와 직결되어 있다. 모든 문서마다 리스크 관리의 목표를 다음처럼 내걸고 있는 것도 같은 맥락으로 이해할 수 있다.

"1976년에 설립된 세계 최고의 투자 기관인 ADIA는 현재와 미래의 아부다비 재산을 유지하고 안전하게 지키는 데 그 임무가 있다."

2010년 4월 셰이크 아메드 빈 알 나흐얀 회장의 급작스런 사고로 사령탑을 잃었지만 아직도 모든 문서에는 13명의 ADIA 임직원 명단이 아직 그대로 게재되고 있다. 변화가 있다면 리스크 관리 면에서 예전과는 다른 패턴과 운용 방식일 것이다.

절체절명의 순간이 오고 있다

뭉칫돈을 운용하는 국부펀드에게 돈의 관리는 매우 중요하다. 항상 리스크 부담과 위험이 상존하기 때문이다. 리스크 관리는 돈의 운용이라는 면에서 리더의 냉철한 판단이 요구된다. 리스크 관리의 성적표에 ADIA의 운명이 걸려 있다. ADIA가 최대의 국부펀드라고 해도 한순간의 리스크 관리 부실로 인해 나락으로 빠져들 수 있음을 그들은 너무나 잘 알고 있다.

ADIA에는 리스크 관리의 불문율로 전해 내려온 슬로건이 따로 있다. 이 리스크 프레임워크(risk framework)는 매일매일 돌다리를 두드리듯 철저한 관리에 만전을 기하는 것을 금과옥조로 삼고 있다(ADIA's strategic and day-to-day decision-making). ADIA는 미국 금융가의 전설적 리스크 전문가 피터 번스타인의 충고를 가슴 깊이 새기고 있다.

당신의 판단이 옳았을 때가 가장 위험한 순간

뉴욕 월가의 리스크 도사인 피터 번스타인(Peter L. Bernstein)은 자신의 저서인 『리스크』(원제 : Against the Gods)에서 이렇게 말한다.

'당신의 판단이 옳았을 때가 가장 위험한 순간이 된다.'

하긴 전설적인 리스크 구루(guru)인 피터 번스타인은 리스크 관리의 프레임워크를 위한 도움말로 이런 명언을 남겼다.

"현금을 그냥 쥐고 계십시오. 해답은 명확합니다. 더 손해가 납니다. 리스크가 없으면 수익도 없습니다. 미래를 알지 못하는 한 리스크는 존재할 수밖에 없습니다. 리스크란 예상했던 것보다 더 많은 일이 벌어질 수 있다는 뜻입니다.

우리는 수익을 기대하면서 리스크를 무릅써야 전진(progress)할 수 있기에 그렇습니다. 리스크를 감수할(risk taking) 기회가 가장 많이 주어진다는 점에서 자본주의는 최고의 시스템입니다."

ADIA에서 통용되는 세 가지 리스크 관리, 운영 리스크와 신용 리스크, 그리고 시장 리스크를 살펴보자.

운영 리스크 관리

아부다비 정부의 공공기금 관리자로서 ADIA는 기금 운영 리스크의 중요성을 잘 인지하고 있다. ADIA는 직원의 인적 리스크에서 시발점을 삼아 거래 관련 오류나 포트폴리오의 중요성을 거쳐 국제적인 수준에 부합하는 리스크 관리로 이어지고 있다.

특히 ADIA는 리스크 관리에서 효율성과 투자수익률을 제고하기 위하여 다양한 리스크 기법을 동원한다. 가능하면 국제적인 수준이 요구하는 선에서 프로세스 통제 실패에 의한 프로세스 리스크와 시스템 등의 오류로 인한 기술적 리스크 등으로 구분하여 리스크 운영에 만전을 기하고 있다.

신용 리스크 관리

모든 투자대상과 투자예상 거래처는 국제적 신용평가기관인 무디스와 피치사의 신용등급을 기준으로 투자 가능한 최저 등급을 설정하여 채권 포트폴리오를 관리하고 있다. 또한 회사채의 발행자별 투자한도를 발행자의 신용등급에 따라 차등화하는 것을 신용 리스크의 관리의 지침으로 삼고 있다.

ADIA는 이미 각종 계량지표를 적용하여 신용 리스크 관리에서 다른 리스크 발생을 사전에 방지하고자 노력하고 있다.

시장 리스크 관리

ADIA는 시장 리스크 관리를 위한 가장 중요한 수단으로 계량모형을 이용한 추적오차(anti tracking error)를 측정해서 관리하고 있다. 또한 정부가 부여한 벤치마크 대비 초과수익들을 요구함으로써 리스크 조정 초과수익(risk adjusted excess return)을 극대화하는 데 초점을 맞추고 있다. 시장 리스크 관리를 위해 다양한 수단을 동원하고 있는데, 투자가능 통화 및 국가, 상품 등을 지정함으로써 지나치게 위험한 상품에 대한 투자를 사전에 방지하고 있다. 특히 최근 금융시장 변동성 확대와 투자자산군 확대에 대응하여 가치투자 리스크 대비와 시나리오별 스트레스 테스트 등 계량적 측면의 시장 리스크 관리에 합리화 정책을 포함시켜 이를 실천하고 있다.

이처럼 ADIA는 리스크 관리를 세 가지로 세분화시켜 리스크 특성을 고려한 다음 이를 효율적으로 대응함으로서 한 치의 소홀함도 없도록 리스크 관리에 만전을 다하고 있음을 알 수 있다.

리스크 관리 구루의 교훈

피터 번스타인은 리스크에서 자유로워지기 위한 두 가지 방법을 제시한다.

하나는 '파스칼의 법칙(Pascal's Law)을 따르라'다. 결정과 선택의 결과가 미래의 확률을 지배하기 때문이다.

다른 하나는 투자에서 리스크란 필연적이지만 필요가 없을 때조차 리스크를 짊어지려고 하지 않아야 된다는 것이다. 리스크 자체는 존재해서도 안 되지만 필연적으로 존재할 수밖에 없는 시대적 상황과 변동성을 인지하는 것이 진정한 리스크 관리임을 기억해야 한다.

따라서 세계 최대 국부펀드인 ADIA에게 리스크 관리란 뭉칫돈 운용에 따른 하나의 업보(業報)라는 점이 확연해지고 있다.

4

연차보고서를 통한 윈—윈—윈 테크

2000년 이후 본격화된 국제유가의 상승세를 타고 급성장한 ADIA(걸프펀드까지 포함해서)은 막강한 자금력 동원을 기반으로 활발한 투자를 이어가다 이번 글로벌 금융위기와 맞물려 국부펀드 정지기를 맞았다. 그러나 2011년을 열면서 긴 동면의 잠을 깨고 다시 성장기로의 힘찬 투자 패턴을 보이기 시작했다. 바로 앞장에서 소개한 중동경제의 변화와 해외투자 경향을 통해 알 수 있듯 투자기준과 투자지역, 그리고 투자대상 등에서 변화의 일으키며 일대 혁신적 투자까지 고려하는 모습이 역력했다.

ADIA가 보유해서 운용하고 있는 국부펀드 규모는 6,270억 달러에 달하고 있고 다른 3개의 아부다비 국부펀드까지 포함하면 6,700억 달러다. 비중으로 보면 중국의 24%에 비해 낮은 18%다. 그러나 이를 걸프펀드로 확대 보면 걸프펀드의 규모 비중은 43%에 달한다.

걸프펀드가 운용되고 있는 중동지역은 한국과의 관계에 있어 최대의 에너지 공급지역임과 동시에 가장 큰 해외 플랜트 수출시장이다. 실제로 1조 원 단위의 플랜트 수출은 선진국들이 자국의 이익에 관한 신보호주의 정책을 고수하기 때문에 이 지역을 제외하고는 달리 찾기가 어렵다.

특히 지역별 자산비율에서도 걸프펀드의 규모는 43%(아시아 36%)를 차지해 국제금융시장에서 새로운 투자주체로 급부상하고 있다. 여기다가 국제 유가의 증가세로 인한 석유 수출과 자본증가의 결과로 걸프펀드의 영향력은 당분간 지속될 것이 예상된다. ADIA 연차보고서에서 이를 그대로 미래 전망에 포함시킨 점만 미뤄보아도 잘 알 수 있다.

최근 들어 ADIA는 공보담당을 채용하고 산티아고 원칙의 준수 발표 등 보수적 이미지를 탈피하려는 노력이 곳곳에서 엿보인다. 아쉽게도 이 연차보고서에 공개된 정보가 기존의 언론매체에 발표된 수준에서 크게 벗어나지 않는다는 지적도 없지 않다. 그러나 자산 배분 내역 등은 자세하게 기록되어 있어, 여기에 따른 변화의 폭을 가늠하는 정보제공의 가치, 이를테면 투자전략과 투자대상 등의 유추가 가능해졌다.

예를 들면 자산 배분 내역에서의 구분이다. 선진시장주식 45~55%를 비롯하여 소액투자자는 12~18%, 기업 M&A는 5~10%, 대체투자 5~10%, 국채 4~8%, 부동산 2~8%, 이머징마켓 1~4%, 사모펀드 0~4% 등으로 구분해서 운용한다고 밝혔다. 과거에는 국채 투자 부문이 20%에 달했지만 이번엔 4~8%로 축소해 운용하는 점은 공격적인 국부펀드 운용으로의 변화를 방증한다.

새로운 국부펀드의 투자전략

ADIA를 포함한 국부펀드의 투자전략은 윈—윈—윈 테크로 변화하고 있다. 과거 ADIA의 투자전략은 하나의 나라와 기업을 대상으로 구성하였지만 지금은 투자 대상 전략이 바뀌면서 규모도 상대적으로 많아지는 추세다.

예를 들면 원자력발전소 건립에서 공사 발주는 아부다비 정부가 하지만 여기에 투자한 시드머니는 아랍에미리트 4개 국부펀드가 함께 동참하고 있다. 따라서 여기에 각종 기술과 기자재는 한국만이 아닌 여러 나라와의 거래를 필요로 하기 때문에 과거의 1대1 거래 관행과는 거리가 멀어졌다. 이를 위해서는 제3자의 동참이 필요하기 때문에 윈—윈—윈 테크와 같은 투자전략의 도입이 불가피했을 터다.

이러한 내용은 최근 KOTRA가 '중동 국부펀드의 부상과 중요성'에서 밝힌 내용이라 많은 시사점이 내포되어 있다. 더 자세한 사항을 위해 ADIA의 연차보고서와 대한투자무역공사의 발표 자료를 짜깁기하다보면 투자전략의 기본 틀을 만날 수 있을 것이다.

변동성 확대와 금융시장의 변혁이 만든 국부펀드의 다면화 정책

거품 때문에 발생한 2008년 9월의 글로벌 금융위기에 전 세계는 더 많은 돈을 푸는 거품 정책으로 위기를 넘겼다. 이제 겨우 진정의 문턱에 들어섰지만 거품의 잔해는 아직 걷혀지지 않았다. 그리고 우리는 기존의 어떤 방법으로든 문제의 완전한 해결은 어렵다는 교훈을 얻었다.

ADIA도 이를 반면교사로 삼아 새로운 형태의 포트폴리오 구성과 함께 리스크 관리에 변화를 주기 시작했다. 여기서 우리가 주목해야 하는 변화의 핵인 포트폴리오는 기존 방식과는 다른 다면화정책을 따르고 있다. 흥미롭게도 이 정책은 리스크 관리에서 비롯된 국부펀드의 공조로 시작됐다. 국부펀드의 뭉칫돈 운용에서 1대 1의 투자대상과 투자 패턴을 접고 다른 제3국의 국부펀드와의 조인트 형식의 운용방식을 택하는 것이다. 예를 들면 한국에서 잘나가는 녹색성장 기업이 ADIA의 투자대상이 되기 위해서는 건전성 확보와 함께 미래성을 담보하는 것이 중요하다. 하지만 운용에 있어서 큰 메리트를 갖기 위해 노르웨이 국부펀드나 싱가포르 테마섹 등과 함께 어깨동무하는 형태의 투자대상자가 더 적합하다. 이럴 경우 가능성 확률이 가장 많은 서열에 높은 점수를 주었다.

이른바 삼자가 연결된 기술적 조합인 윈—윈—윈 테크를 지향하는 것에서부터 투자대상자 선택이 가장 빠른 길이다. 거품 위기에서 배운 교훈으로 리스크 방지를 고민한 결과가 이와 같은 정책적 결정으로 이어진 것이다. 산티아고 원칙과 리스크 관리가 또 다른 길을 열어주었다고 할 수 있다.

다음에 소개할 내용은 ADIA가 매년 발표하는 연차보고서의 내용을 객관적 시각으로 풀어본 것이다. 주요 내용은 금격(金格) 수준의 속살 보고서로서 가치와 리스크 방지의 구루 피터 번스타인의 메시지인 결정(decisions)과 선택(choices)의 결과가 미래의 확률을 지배한다는 것이다.

Chapter 4

Steal a glance of ADIA

1
씨티그룹과 젠(錢)의 전쟁

미국발 글로벌 금융위기가 시작된 지 3년이 지났다. 지금 현재 승자는 과연 누구일까. 패자는 누구일까. 과연 글로벌 투자에서 진정한 주인공은 누구일까.

이 세 가지 의문의 실마리를 풀기 위해서는 우선 뉴욕의 월가를 주목해야 한다. 그것으로도 부족하면 런던의 더 시티를 참고해야 한다. 그러나 이조차도 오래된 버전일 뿐이다. 지금, 해답은 구룡반도에 위치한 국제상업센터(ICC) 웨스트 카우룽과 상하이에서 찾아야 할 것이다. 전 세계 금융업이 미국발 금융위기를 거치면서 파이낸스 파워의 흐름이 변하고 있기 때문이다. 외환보유액이 가장 많은 중국의 행보에 따른 새로운 결과이기도 하다. 또 하나, 뭉칫돈을 운용하고 있는 중동지역 도시국가 아부다비의 ADIA도 충분히 주목받을 만하다.

중국이 넘쳐나는 외환보유액을 국부펀드로 조성해 국부를 살치우고 있다는 사실을 외면한다면 변화의 본질에 접근할 수 없다.

특히 CIC와 동반상승하며 제 목소리를 내기 시작한 ADIA의 행보(또는 자금운용)는 글로벌투자의 주연으로 손색이 없다.

이들 두 국부펀드의 변화와 글로벌투자를 지켜본 <월스트리트 저널>은 최근 '미래 글로벌 투자의 주인공'으로 CIC와 ADIA를 선정했다. 선정 이유를 살펴보면 비밀주의로 흥미를 끌었던 ADIA의 베일에 가려진 모습을 유추할 수 있다. 그동안 숨소리를 고르던 그들이 2011년을 열기 바쁘게 공격적인 국부펀드 운용으로 전 세계 금융인들의 주목을 끌고 있고 동시에 승자의 길을 향해 달려가는 그 모습까지, 국부펀드 변화가 심상치 않기에 그렇다.

뭉칫돈 리스크 경감 방식(씨티그룹)과 미래 전략(마스다르 투자), 오일머니를 등에 업은 재테크(이슬람 머니)와 위기대처 능력(두바이 사태) 등 국부펀드의 변화를 살피면 이를 통해 ADIA 속살을 엿볼 수 있을 것이다.

리스크를 끌어가는 전술적 측면

ADIA는 1976년 설립 이래 채권과 주식, 부동산과 자산 등 모든 글로벌 마켓과 연관되는 글로벌 포트폴리오를 구축하여 분산투자를 통한 리스크경감에 주력했다. 특히 주식 투자는 통상 <포춘>이 선정한 500대 기업에 포함되는 기업들을 대상으로 삼았었다. 하지만 글로벌 금융위기 이후 중국과 인도를 포함하는 아시아 신흥국으로의 투자 비중을 확대하는 과정에서 중국 국부펀드들의 공격적인 투자 정책에 고무된 듯 지금은 전방위로 투자 포트폴리오를 짜고 있다.

이러한 변화는 지난 2007년 11월로 거슬러 올라간다. ADIA는 씨티그룹에 75억 달러를 대출해주었다. 이자는 매년 11%였으며 이 대여금은 2010년 3월부터 주식으로 출자 전환되게끔 계약이 되었다. 씨티그룹에 빌려준 자금을 나중에 주식으로 받은 협약이었다. 그러나 문제는 주식가격을 너무 높게 잡았다는 데 있었다. ADIA는 금융위기 도래 직전인 2007년 11월에 자금을 빌려준 바람에 출자전환 가격을 주당 31.83달러로 정한 것이다. 이러한 거래 과정에서 2009년 12월 16일 미국 정부가 씨티그룹에 투입한 구제금융(TRAP)을 받아가겠다고 선언하자마자 ADIA는 이 은행을 상대로 거액의 소송을 제기하기에 이른다. 씨티그룹이 우리에게 불충분한 정보를 제공해 결과적으로 손실을 보았다는 이유였다. 돌발변수가 생기자 미국 정부는 구제금융 회수를 중단할 수밖에 없었다.

2009년 12월 16일 기준 씨티그룹 주당 가격은 ADIA와의 계약가격인 주당 31.38달러의 11%밖에 안 되는 3.45달러였다. 총액기준으로 따지면 75억 달러를 빌려주었는데 8억 달러 가치밖에 안 되는 주식을 받게 되는 셈이다. ADIA의 당시 조치는 씨티그룹이 구제금융 상환을 위해 대규모 증자를 나선 데 따른 반발이자 뭉칫돈 경감방식의 선택이 필요조건이 된 케이스다. 대규모 투자손실이 불가피한 상황에서 씨티그룹이 증자를 하면 주식수가 늘어나

손실이 불어날 수 있다고 판단한 것이다. 씨티그룹은 200억 달러 규모의 구제금융 상환을 위해 170억 달러를 증자하고 30억 달러는 증권매각 등을 통해 마련할 계획이었다. 결국 ADIA가 씨티그룹에 소송한 것은 뭉칫돈 리스크를 끌어가는 전술적 대응책이라는 데 뉴욕 월가도 동의했다.

백기사에서 흑기사로

글로벌 금융위기 당시 백기사를 지칭하며 글로벌 은행 투자에 나섰던 국부펀드들이 최근 잇따라 지분을 정리하며 흑기사로 돌아서고 있다. 이번 ADIA 소송은 구제 금융을 갚기 위해 주주들의 보유주식 가격을 떨어뜨리고 있는 씨티그룹에 대한 저항으로 보인던 자금을 속속 회수하고 있다. 이러한 변화는 2009년 9월 GIC가 장내 매각을 통해 씨티그룹 지분을 5% 미만으로 낮추면서부터다. 카타르 국부펀드도 보유 중이던 영국의 바클레이즈은행 지분 가운데 3.7%를 23억 달러에 팔았다.

한편 글로벌 투자의 승자는 KIA가 차지했다. 2009년 12월 KIA는 ADIA와 달리 씨티그룹에서 돈을 벌었다. KIA는 2008년 1월 씨티은행 우선주(의결권이 없고 배당만 받을 수 있는 주식) 5%를 30억 달러에 매입했다. 그러나 KIA은 이 우선주를 보통주로 전환해 41억 달러에 되팔았다. 11억 달러의 차익을 남긴 것이다.

젠의 전쟁은 다시 시작되고

매년 1조 달러의 국부펀드가 조성되는 2011년 실제상황에서 뭉칫돈 향방은 곧 글로벌 머니게임의 가늠자가 되고 있다. 여기서 분명한 사실은 국부펀드 세계에서의 진정한 승자 가리기는 아직도 진행 중이라는 사실이다.

2

투자 관점에서 본 탄소제로도시 마스다르의 가치

뉴욕 맨해튼의 해변도로와 비교해도 좋을 아부다비 코니치로드의 211블럭에 ADIA 청사가 자리를 잡고 있다. 지난해 한국 국민들의 환호성을 받았던 400억 달러 아부다비 원전건설의 주무부서인 아부다비원전공사(ENEC) 본사도 거기에 둥지를 틀고 있다.

바로 앞장에는 씨티그룹과의 전(錢)의 전쟁을 통해 뭉칫돈 리스크 경감방식의 달인으로써의 ADIA를 분석했다면 이번에는 미래 전략 측면에서 바라본다. 그 대표적인 케이스가 바로 2008년 첫 삽을 떴고 오는 2016년 완공을 목표로 목하 구축 중인 세계 최초 탄소제로도시 마스다르(Masdar)다. 공사비만도 물경 미화 220억 달러다. 우리 돈으로 환산하면 24조 4,000억 원이다. 올해도 정치권을 뜨겁게 달구고 있는 4대강 예산보다 더 많다.

이 거금의 투자 주체가 ADIA의 미래 전략에 의해 진행되고 있음을 아는 사람은 그리 많지 않다. 마스다르 시행주체는 아부다비 미래에너지공사이지만 모든 공사비용은 아부디비투자청과 아부다비의 다른 국부펀드 무바달라의 몫이다.

이 프로젝트를 통해 아부다비의 실체에 한 걸음 더 가까이 다가갈 수 있을 것이다. 제2장에서 소개한 『아부다비 경제계획 2030』에 수록된 내용이기도 하다.

아부다비 마스터플랜

2008년 2월. 아부다비 도심에서 20km 떨어진 곳에서 세계 최초로 탄소제로도시인 아부다비 마스다르의 첫 삽질이 있었다. 6.5km^2의 규모로 모두 7단계로 나누어서 시행되는 맘모스급 프로젝트에 해당한다. 이 프로젝트는 2006년 4월에 발표된 이후 2년 만에 처음으로 시행에 들어갔다. 동

아부다비국립전시장(ADNC)에 전시된 모형을 보면 한눈에도 탄소제로도시라는 콘셉트에 맞게끔 아랍 고대 풍 정취와 현대기술력이 결합된 도시임을 알 수 있다. 성벽으로 외곽을 감싸고 거리는 보행자 위주로 설계된 점이 두드러진 특징이다. 드넓은 사막의 태양열을 피하기 위해 그늘을 드리운 점과 그늘이 지는 영역을 극대화하기 위해 동북방향에서 서남쪽으로 마스다르 도심을 배치시킨 점이 그렇다. 에너지 소비를 최소화하기 위한 조치일 수 있지만 도시 설계자의 표현대로 가급적 도시의 이미지에서 정동정(靜動靜)을 감지할 수 있도록 배열한 점이 돋보인다.

보도자료에 따르면 마스다르에 필요한 에너지 구성은 태양광

(82%)과 쓰레기에서 얻은 재생에너지(17%), 그리고 풍력(1%) 순이다. 이미 마스다르는 미국 매사추세츠공과대학(MIT)를 파트너로 삼아 '마스다르 과학기술연구소'를 설립하는 기민성을 유감없이 발휘하고 있다.

2016년 마스다르가 완공되면 상주인구 5만 명과 함께 세계적인 녹색성장기업 1,500개가 입주해서 비즈니스에 임하게 된다. 예컨대 아부다비 미래에너지공사는 국부펀드의 돈으로 녹색성장산업을 통한 부가가치와 수익을 함께 공유하는 일에서 모범이 되고 있다. 이를테면 ADIA의 오일머니가 이것을 불가능에서 가능으로 현실화시켜 미래전략을 알차게 추진해 나가고 있다.

이미 마스다르는 두 가지 측면에서 한국을 파트너로 삼아서 2016년을 준비하고 있다. 하나는 한국 KOTRA를 통해 러브콜을 보내는 일이고 다른 하나는 ADIA가 직접 장기 투자할 한국 기업을 물색하고 있는 일이다.

마스다르시티는 한국 기업에게 66만m^2 배정

2010년 3월 4일. 술탄 알 자베르 아부다비에너지공사 사장은 서울 양재동 KOTRA 본사에서 조환익 사장과의 양해각서(MOU) 체결식이 있었다.

앞으로 KOTRA는 탄소제로도시 마스다르 건설에 투자할 국내 금융회사와 신재생에너지 회사, 그리고 건설회사 등을 위한 창구

역할을 할 예정이다. 그 일환으로 마스다르는 총 면적 6.5km^2에서 약 8%에 해당하는 66만m^2 를 한국 측에 배정하는 업무협약을 맺었다.

따라서 아부다비투자청의 전략은 마스다르를 기반으로 한국과 미래 설계 파트너로 발전되는 수순을 밟고 있음을 알 수 있다.

장기 투자할 한국기업 물색

2009년 6월 5일. KOTRA 산하 ADIC(Abu Dhabi Investment Company, 아부다비투자공사)는 2년 전부터 산업은행을 통해 한국기업에 3년 이상 장기 투자할 만 한 기업을 찾는데 첫 단추를 풀었다.

알렉상드로 카레 드 말베르그 ADIC 투자은행(IB) 대표는 서울을 방문해 산업은행과의 업무협약을 체결하면서 "중동지역 국부펀드들이 빠르게 경기회복세를 보이고 있는 한국에 깊은 관심을 보이고 있다"면서 "이번 업무협약 체결은 그 관심의 연장선이다"라고 설명했다. 그는 "한국시장에 대한 투자규모를 구체적으로 정해놓지는 않았지만 국부펀드에 이익이 된다면 규모를 크게 늘릴 수도 있다"고 말했다. 이어 "최소 3년 이상 한국기업에 투자할 수 있기를 바란다"면서 이번 업무협약 체결이 장기적이고 안정적인 투자로 이어질 수 있음을 시사했다.

이는 한국 기업을 파트너로 삼는 미래전략을 세웠다는 걸 처음으로 밝히는 멘트였다. 이러한 전략에 걸맞게 말베르그 대표 일행은 이날 오후 한국전력과 STX 최고경영자 방문길에 올랐다.

그 결과물은 ADIA에 의해 조성된 국부펀드를 업고 마스다르에서 미래전략으로 가시적 수익원이 될 것이 예상된다. 2016년 세계 최초의 탄소제로도시 마스다르에 둥지를 틀 1,500개 녹색성장 기업들 가운데 상당수의 한국 기업이 입주의사를 밝히고 있고 이를 위해 준비하는 모습이 포착되고 있기 때문이다.

3
3조 달러에 달하는 이슬람 머니를 등에 업고

반복해서 이야기하지만, 돈에는 꼬리표가 없다. 있을 수도 없다. 하지만 뭉칫돈의 행방을 가늠하는 경제지표는 이제 조금씩 베일을 벗고 있다. '산티아고 원칙' 발효 이후 변화된 국부펀드의 전모가 속속 밝혀지고 있기 때문이다.

ADIA 속살 엿보기의 세 번째 주제는 고유가 행진에 따라 풍부해진 오닐머니가 이슬람 머니로 변신해 새로운 글로벌 파이낸스파워를 형성하면서 젠의 풍속도를 그려낸다는 것이다. 이를 테면 이슬람 채권인 수쿠크(Sukuk)를 '등에 업은 재테크'의 기금운용이 돋보인 대목이다. 아무리 6,270억 달러라는 천문학적인 국부펀드 규모를 운용하는 ADIA이라도 돈은 항상 부족하기 마련이다. 투자할 곳은 많고 운용기금은 한정되어 있기 때문에 수요공급 측면에서 부족은 당연지사다. 이를 커버하기 위해 ADIA는 이미 이슬람 머니를 등에 업은 재테크의 달인이 되었다.

사실 GCC를 구성한 권역 6개국 전체 인프라 투자액의 30%를 이슬람 채권 수쿠크에 의존하고 있기 때문에 이를 등에 업는 일은 자연스런 현상이고, 그 결과 오늘날과 같은 세계 최대의 국부펀드 자리에 올랐다. 3조 달러에 달하는 이슬람 머니는 15억 이슬람인의 돈으로 조성되고 운용되는 뭉칫돈이다. 글로벌 머니게임에서 이슬람 머니 3조 달러는 전 세계 헤지펀드라든가 사모펀드 운용 규모를 능가하는 금액이기 때문에 이를 등에 업은 ADIA는 그래서 더 주목의 대상이 될 수밖에 없다.

이자가 아닌 배당 개념의 수쿠크

이슬람 채권인 수쿠크(Sukuk) 역사는 올해로 48년을 거슬러 올라간다. 지난 1963년 이집트의 미트 강 은행에서 시작되었다. 하지만 세계 금융 메커니즘이 자본주의 발달과 맥을 달리해 발전한 관계로 수쿠트는 별로 주목을 받지 못했다. 이런 수쿠크가 중동지역 오일머니 파워로 작용한 2000년부터 변신의 기회를 얻게 된다. 각종 사회간접자본의 인프라 자금 형태로서 수쿠크는 중동지역 개발붐에 편승하여 국제자본으로 진입이 가능하게 되었다.

그러나 전제조건이 붙는다. 수쿠크는 이자를 받는 것을 금지하는 이슬람 율법에 따라 '이자' 대신 '배당' 형식으로 지급되는 이슬람

아부다비의 그랜드 모스크

채권이라는 점이다. 기존의 수익구조와는 차원이 다른 기금운용이다. 구조와 운용이 다르다는 전제조건 때문에 접근방식도 달라야 한다는 점을 이용해 그동안 ADIA는 이를 등에 업고 기금운용을 극대화하고 있다. 이슬람 채권이 커지면서 이슬람 율법 샤리아(Shariah)에 따라 발행되는 수쿠크가 빅뱅을 연상시킬 만큼 급팽창하면서 GCC 걸프펀드의 신데렐라로 급부상하고 있다.

유럽이나 아시아 신흥시장 투자자들이 이슬람 경제의 성장 과실을 손쉽게 공유할 수 있는 방식에 동의하면서부터 생긴 젠의 흐름이자 뭉칫돈의 블랙홀이 되었다. 뭉칫돈 냄새 맡기에 달인인 ADIA가 수쿠크를 등에 업게 된 것이다.

실제로 수쿠크의 발원지는 바레인이다. 그러나 지금은 아부다비가 중앙에 포진하면서 이제는 '아부다비 = 수쿠크' 등식이 생겨났다. 지금의 '세계 수쿠크 발행 메이저 = 말레이시아'는 후속편에 해당한다. 3조 달러 규모로 급팽창하고 있는 이슬람 머니를 처음 등에 업었던 ADIA의 속살을 엿볼 수 있는 대목이다.

세계 금융 시장의 블루오션

글로벌 금융위기 이후 이슬람 머니가 세계 금융권에서 주목을 받고 있는 이유는 풍부한 오일달러 때문이다. 더욱이 이슬람권에서는 돈을 싸게 조달할 수 있다. 미국과 유럽연합보다 대출금리가 연 1.0% 정도 낮다. 5년 이상의 장기대출이 대부분인 것도 매우 매력적으로 작용하고 있다. 거기다가 9 · 11테러 이후 미국을 비롯한 서방 투자은행들이 공략하지 않아 싼 값에 묻혀있는 돈에 속한다. 물론 이슬람 머니가 모두 샤리아의 적용을 받은 것은 아니다. 현재 글로벌 금융시장에서 활동 중인 중동지역 국부펀드 가운데 샤리아의 적용을 받은 곳은 없다. 하지만 미국의 반 이슬람정책 때문에 샤리아의 적용을 받은 자금이 갈수록 늘고 있다. 전 세계 15억 무슬림의 5%가 이슬람 금융을 이용하고 있을 정도로 이슬람 머니의 힘은 국부펀드로도 가지치기를 이어가고 있다.

이슬람 머니는 이슬람 율법을 따르기 때문에 기존의 서구식 금융과는 여러 차이가 있다는 요소만 제외하면 샤리아에 근거해 실물거래가 발생하지 않고 단지 금전만 대여해 이자를 받는 메리트가 있다. 서구식 금융회사에서 이자는 리스크에 대한 대가로 보지만 샤리아에서는 부당이득으로 간주하고 있다. 샤리아는 또 도박과 주류, 돼지고기와 마약 등 도덕적 · 사회적 · 종교적 판단에 부합되지 않는 거래는 금지한다. 또 불확실성 배제라는 샤리아에 따라 미래 금융흐름이 불명확한 파생상품이나 우발채무 등에도 금지된다. 다만 수쿠크는 돈거래만을 통해 이자 수수를 금지하는 이슬람율법을 준수하면서 동시에 금융거래 목적으로 형식상 실물거래를 이용해 발행되는 특징이 있다.

현재 세계적으로는 50개국 이상의 금융회사가 이슬람금융 서비스를 제공하고 있다. 그 영향력도 점차 커지고 있다. 특히 아부다비와 바레인, 말레이시아와 이란 등이 이슬람 금융의 주요 중심지로 활발한 활동을 벌이고 있으며 비(非)이슬람권에서는 영국이 이슬람 금융에 적극적이다. 이런 맥락에서 ADIA가 3조 달러에 달하는 이슬람 머니를 등에 업고 국부펀드 기금운용에 임하는 일이야말로 탄력적인 기금운용 측면에서 매우 바람직한 선택이자 교과서식 교범으로 대접을 받고 있는지 모른다.

덧붙이자면 2010년 12월 10일 말레이시아를 국빈 방문한 이명박 대통령은 말레이시아 행정수도 푸트라자야 소재 총리실에서 나집 툰 나작 말레이시아 총리를 만났다. 한 단계 높은 수준의 FTA를 논의한 이 자리에서 이명박 대통령은 말레이시아를 통해 이슬람 금융권과의 파트너십 연결은 물론 향후 교역의 확대까지 밝혔다. 이는 국부펀드에 대한 기대가 적지 않음을 시사하는 대목이다. 같은 이치로 세계 금융시장의 블루오션과 이슬람 금융은 일맥상통을 이루고 있다.

4

After the Fall

2011년 세계 경제는 회복과 추락의 분수령 사이에서 방황하고 있다. 금융공학의 절대적 가치로 평가받고 있는 환율전쟁이 글로벌 금융위기 이후 최대변수로 떠오르면서, 머니게임은 한 치 앞을 헤아리기 어려워졌다.

세계 경제를 주름잡고 있는 G2가 앞에 서서 통화전쟁에서 피를 흘리는 격투를 벌이고 있다. 미국과 중국을 각각 대변하는 달러와 위안화의 싸움에 세계 증권시장까지 요동치는 형국이 끝을 보이지 않고 있다. 게다가 이들이 벌인 통화전쟁이 신(新)보호주의로 흐르면서 일본과 유럽연합이 가세하여 세계 경제에 먹구름을 드리우고 있다.

오죽하면 세계적인 경제학자들은 작금의 세계 경제를 예단하면서 "앞으로 7년 더 고통스럽다"고 진단했을까.

이번에는 다르다

2009년 8월. 전 세계 중앙은행 총재들이 참석한 '잭슨홀 회의(미국 와이오밍 주 잭슨홀에서 캔자스시티 연방준비은행이 주최하는 연례회의)'에서는 세계 경제의 장기적 미래를 우울하게 전망한 논문 한 편이 논란의 대상이 되었다.

「추락 그 후(After the Fall)」라는 제목의 이 논문은 카르멘 라인하트 교수(매릴랜드 대학)와 빈센트 라인하트(미국 기업연구소 연구원) 부부의 연구 작품이다. 이들의 주장은 '미국 내 국민총생산과 실업률 증가로 향후 7년 더 힘든 시기를 겪을 것이다'라는 요지였다. 물론 라인하트 교수 부부는 근대 금융역사에서 더 많은 사례를 체계적으로 조사한 결과임을 밝혔다. 1973년과 1979년 오일쇼크로 일어난 세계 금융위기도 있고, 1981년 칠레, 1987년 노르웨이, 1991년 핀란드와 스웨덴, 1994년 멕시코, 1997년 인도네시아·말레이시아·필리핀·태국·한국, 2001년 아르헨티나와 터키처럼 특정한 국가에서 발생한 금융위기도 있다.

이런 사례를 통해 라인하트 부부는 금융위기가 일어난 직후 10년간 선진국의 1인당 실질 GDP의 성장률은 위기 전보다 1.5% 낮으며 동시에 실업률은 5% 높다는 사실을 밝혔다. 또한 일반적으로 금융위기가 일어나기 전 10년간 부채수준이 높아지면서 한동안 자산 가격 상승을 만들어낸다. 사람들이 과거 금융위기와 지금은 무관하다고 여기며 자산 버블이 계속될 것이라고 믿는 경향이 짙다고도 지적했다. 따라서 경제 3주체는 이제 늘 버블에 대해

경고하고 버블을 막기 위해 '이번에는 다르다'는 점을 인정해야 한다는 주장이다.

두바이월드 모라토리엄

2009년 12월 14일. 도시국가 아부다비는 두바이월드의 자회사 나킬의 채무불이행에 따른 구제 금융에 나섰다. 잭슨홀 회의로부터 1년 4개월 후의 일이다. 우선 1차로 이 날의 지원된 100억 달러는 당장 14일 만기가 돌아오는 나킬의 빚 46억 달러를 막는 일에 쓰였다. 그러나 나킬의 부채가 너무나 크기 때문에 부도위기에 따른 모라토리엄을 피해가기는 어렵게 되었다. 아부다비 정부는 "두바이가 내건 약속들을 검토한 후 사안별로 접근해 언제 어디서 두바이 기업을 도울 것인지 선택할 것이다"라고 밝혔다.

여기서 우리는 세 가지 교훈을 얻게 되었다. 하나는 아부다비 정부가 구제 금융으로 풀어준 100억 달러는 아부다비 은행과 ADIA 창구에서 나왔다는 점이다.

다른 하나는 두바이 번영은 사막에서 볼 수 있는 신기류(蜃氣樓)였고 글로벌 금융위기의 직격탄을 받아 향후 7년은 더 고통스럽게 지내야 한다는 경제학자 카르멘 라인하트 부부의 논문을 다시 상기시켰다는 점이다.

마지막 하나는 두바이 부도사태에 즈음하여 ADIA의 속살 엿보기에서 위기능력에 대한 기만성과 시의적절한 대처방식을 다시금

배울 수 있다는 점이다. 위와 같은 이유로 「추락 그 후」는 지금도 유효하다.

ADIA 대표의 실종

2010년 3월 26일 세계 최대 국부펀드 ADIA를 이끌어 왔던 모하메드 빈 자이드 알 나흐얀 대표는 글라이더를 타다 모로코의 수도 라바트 인근의 호수에 추락하여 41세로 생애를 마쳤다.

알 나흐얀은 UAE의 대통령이자 아부다비 국왕 칼리파의 동생이다. 그는 1997년부터 ADIA의 실질적인 경영을 맡아왔다. 그의 성적표는 산티아고 원칙 발표 이후 연차보고서에 따르면 2009년 기준으로 20년 간 6.5%의 연평균 수익을 올렸지만 글로벌 금융위기 이후 마이너스 성장을 기록하기도 했다. 이러한 비운에도 최근 ADIA의 변신은 계속되고 있고 국부펀드의 활동은 멈추지 않고 계속 작동하고 있다.

4부를 요약하자면, ADIA가 씨티그룹과의 젠의 전쟁을 통해 뭉칫돈 리스트 경감방식에 달인이 되었다는 점을 시작으로 세계 최초의 탄소제로도시 마스다르를 구축하면서 기금운용에 미래전략을 접목시킨 것이 큰 줄기이다. 3조 달러에 달하는 이슬람 금융을 등에 업는 재테크의 교본을 쓰고 있을 뿐 아니라 두바이 위기사태에서 기민성을 발휘해 리스크에 임하는 모습을 살펴보았다.

Chapter 5

New Finance Wave, New Gulf Fund Captital

1
산티아고 원칙에서 새로운 금융질서가 시작되고

최근 빈번하게 발생한 쓰나미에 태평양 연안의 국가들은 좌불안석이다. 시간을 거슬러 올라가보면 2004년 23만 명의 인명피해를 입은 인도네시아 쓰나미가 대표적인 케이스다. 지난해 2월 27일 남미 칠레를 강타한 8.8 규모의 지진으로 발생한 쓰나미도 여기에 포함된다. 칠레의 수도 산티아고도 예외가 아니었다.

산티아고는 남미대륙에서 상하로 길게 자리를 잡은 칠레의 도시 코캄보와 콘셉시온의 사이에 자리를 잡고 있다. 이번 태평양연안 쓰나미 발생의 진원지와 지근의 거리에 위치한 산티아고는 곳곳에서 약탈과 방화가 발생하여 UN의 지원을 요청하기에 이른다. 당시 칠레 군 당국의 판단 착오로 쓰나미 경보발령을 제대로 실시하지 못한 결과였다.

과학이 발달했다고 하나 쓰나미 규모와 시기를 정확하게 예측하는 데는 여전히 한계가 있다. 과학자들은 현재 태평양 연안 심해 30여 곳에 센서를 설치해 쓰나미 발생여부를 관측한다. 심해

5,000~8,000m 아래에 설치된 센서에서 보내온 데이터를 분석해 정확한 위치와 강도를 찾아내기도 한다. 그러나 해안선의 지형에 대한 자료가 한정되어 있어 오차가 생기고 있기 때문에 간혹 쓰나미 경보 과학자들을 머쓱하게 만들고 있다. 그래서 최근 빈번하게 일어나고 있는 쓰나미는 자연재해로 분류되기도 한다. 이 때문에 쓰나미 발생 가능 지역 국민들은 장시간 불안과 기아에서 고통을 감수해야 한다.

산티아고 원칙의 규율과 규범 사이

자연재해로서가 아니라 경제적인 측면에서 산티아고는 다시 한 번 '쓰나미 경보'의 책임을 맡게 되었다.

전 세계 국부펀드 운용자의 모임인 IWG(International Working Group of Sovereign Wealth Funds)의 회원들이 2008년 10월 칠레 산티아고에 모여서 만든 자율협정은 폐쇄적인 국부펀드 자금운용에서 공개하는 기준의 가이드라인을 제정했다는 데 의미가 있다. 예를 들면 일반적으로 인정된 원칙 및 관행(GAPP)인 24개 항목의 산티아고 원칙이 발표되면서부터다.

이 원칙은 크게 세 가지로 나눌 수 있다. 첫째는 국부펀드의 법적 구조와 목적, 그리고 거시경제와 정책적 협력을 이룬다. 둘째는 국부펀드의 틀과 지배구조를 명확하게 정리한다. 셋째는 투자와 위험관리 방식을 제정해서 활용한다.

물론 이 세 가지 가이드라인과 24개 원칙은 자발적인 준수가 요구되며 위반에 대한 직접적인 제재 규정이 없는 게 한계였다. 그러나 어느 한 국부펀드가 산티아고 원칙을 위반하고 그 정도가 크면 클수록 다른 국부펀드들로부터 비판과 압력을 받게 된다. 이런 경우에 직접적으로 투자대상국들이 해당 국부펀드에 대한 제재 조치가 가해질 수 있는 가능성을 인식할 수밖에 없을 것이다. 요컨대 산티아고 원칙은 비(非)강제적 규정(regulation)이지만 국부펀드 뭉칫돈 운용을 규율하는 규범(pattern)이 된다.

우선 산티아고 원칙 24개 항목을 읽어보면 규제와 규범 사이의 함수 엮기에 관한 가이드라인을 확인할 수 있다. 국부펀드들이 대형화되면서 이들의 투자결정이 미치는 영향이 갈수록 커지고 있기 때문에 국부펀드 회원들이 사전에 이를 방지하고 여론의 악화를 불식시키는 차원에서 스스로 자정의 선언이 필요했었다. 이를 완성(또는 제언) 하는 일이 바로 새로운 글로벌 금융질서의 가이드라인인 24개 항목, 즉 산티아고 원칙이다.

24개 항목으로 정리한 산티아고 원칙 및 관행(GAPP)

* GAPP 1.

국부펀드(SWF)에 대한 합리적인 프레임 워크는 소리가 있어야 하고 동시에 명시된 목적 달성을 위한 작업지원을 도모한다.

* GAPP 2.

SWF의 정책목적이 명확하게 정의되어야 하고 이를 공개해야 한다.

* GAPP 3.

SWF의 활동은 직접 국내 거시경제에 의미를 두고 그 활동은 국내 재정 및 금융 당국과의 일관성을 보장하는 차원의 조정을 거친다.

* SAPP 4.

SWF의 원칙에는 공개정책을 전제한다. 이를테면 규칙과 절차, 철회와 일반 접근을 용이하게 만든다.

* SAPP 5.

각종 통계 자료는 SWF의 소유자, 또는 별도로 필요한 자에게 가공시켜서 보고한다.

* SAPP 6.

SWF에 대한 거버넌스 프레임 워크는 공개해야 하며 이를 통해 목적과 책임 경영, 그리고 책임의 명확성을 위한 효과적인 부서운영을 설정한다.

* SAPP 7.

소유자가 명확하게 정의된 절차에 따라 자국의 정부 기관을 임명하고 SWF의 작업을 통해 감시 목표를 제시한다.

* SAPP 8.

최상의 수익 활동 및 기능을 가지고 그 수행 역량을 극대화시킨다.

* SAPP 9.

SWF의 경영관리는 독립적인 방식으로 SWF의 전략을 구현해야 한다.

* SAPP 10.

SWF에 대한 책임 프레임워크는 명확하게 관련 법규를 제정하고 이에 따른 관리 정의에 부합시켜한다.

* SAPP 11.

시기를 정해서 연차보고서를 준비하고 국제 회계 기준에 따라 각종 재무제표를 공개한다.

* SAPP 12.

SWF의 운영 및 재무제표를 매년 감사해야 되고 여기에 필요한 국제적 인준까지 고려대상에 포함시킨다.

* SAPP 13.

전문적이고 윤리적인 기준에 따라 이를 인정한 정부기관이 관리한다.

* SAPP 14.

SWF의 운영 목적으로 제3자에게 다루기는 금융질서 근거에 따라 명확한 절차를 따른다.

* SAPP 15.

SWF의 운명 및 호스트 국가에서 활동하는 그들은 작동 나라의 모든 관련 법규 및 공개 요건을 준수해서 실시한다.

* SAPP 16.

거버넌스 프레임워크와 운영 목표는 모두 소유자 방식으로 공개해야 한다.

* SAPP 17.

관련 재무정보가 SWF에 관해서 재무 방향에 안정을 요구하는 수준까지 공개하여 국제신뢰에 만전을 기한다.

* SAPP 18.

SWF의 투자 정책은 명확해야 하고 그 정의된 목표와 리스크 허용의 일치, 투자전략대로 국부펀드 소유자는 포트폴리오 관리원칙에 기초해야 한다.

* SAPP 19.

SWF의 금융기금에 의해 투자정책에 일체시켜 수익 극대화를 목표로 삼을 수 있다.

* SAPP 20.

SWF가 추구하는 제안이나 기밀사항은 경쟁상대에게도 활용할 수 있게 만든다.

* SAPP 21.

SWF의 주주 소유권과 주주 소유권 관리를 행사할 수 있는 모든 제안을 공개해야 한다.

* SAPP 22.

SWF는 식별하는 프레임워크를 평가해야 하고 작업의 위험을 관리한다.

* SAPP 23.

SWF는 자산과 투자실적은 표준에 따라 보고해야 한다.

* SAPP 24.

SAPP 구현의 정기적인 검토의 과정에 의해 SWF를 대신한다.

비판에 의한 비판의 산티아고 원칙

IWG 자체가 '그들만의 리그'이기 때문에 유명무실한 원칙으로 흐르는 경우를 생각할 수 있다. 하지만 지금까지 금융기금 투자공개와는 거리가 먼 폐쇄적인 국부펀드 기금운용 방식을 취했고 2008년 9월 글로벌 금융위기를 맞아 전대미문의 리스크 손실로 국부펀드 자체가 흔들린 한 때가 있었다. 그때에 비하면 스스로의 목소리를 가질 필요성에 공감한 IWG가 산티아고 원칙을 제안하고 여기에 일렬종대로 모였다는 점은 국부펀드가 쓰나미로 변질될 우려를 어느 정도 해소시켜주었다고 볼 수 있다. 이 큰 원칙이야말로 새로운 금융 질서와 흐름을 읽을 수 있는 대목이다.

2

새롭게 주목을 받은 걸프펀드

세계시장이 하나로 통합되는 글로벌시대에 걸프펀드는 넘쳐나는 뭉칫돈 운용에 따라 새롭게 주목을 받기 시작했다. 그동안 고유가 시대를 구가하면서 오일머니로 국부(國富)를 두둑이 쌓은 GCC(Gulf Cooperation Council, 걸프협력위원회) 6개국은 이슬람 머니와 합해 괴력의 걸프펀드를 조성해서 운용했었다. 하지만 이번 글로벌 금융위기를 거치면서 '서구 공세'와 '경영 미숙'이라는 약점이 드러났고 이는 '괴력의 걸프펀드'에 대한 기존의 평가를 제고할 만한 이유가 되었다.

이들은 국부펀드의 가이드라인인 산티아고 원칙에 합의하면서 뭉칫돈 운용을 공개하는 수준까지 변화를 이루었다. 여기에 중동 지역의 불안한 안보 상황으로 걸프펀드의 영향력은 2008년 9월 이전과는 전혀 다른 양상을 보였고, 세계 실물경제의 조류와 돈의 흐름에 따라 변화의 물결을 타게 되었다. 세계경제는 이를 글로벌 국부펀드의 신조류(新潮流) 또는 새로운 물결로 부르기 시작했다.

역사적 GCC 발자취

세계 최대 국부펀드인 ADIA를 제대로 알기 위해서는 GCC의 관계설정에 대한 이해가 필수다. 괴력을 지닌 걸프펀드의 규모도 오일머니를 기반으로 한 뭉칫돈 운용에서 비롯되었다는 점이 기정 사실에 속한다.

GCC가 발족한 지 올해로 30년이 된다. 아랍에미리트연합의 도시국가 아부다비의 셰이크 자에드 국왕은 오늘날과 같은 국제기구인 GCC 발족을 꿈꾸었다. 당시는 아부다비와 사우디아라비아 국경지대 부라미(Burami) 지역에서의 분쟁이 그치지 않았다. 이 지역은 석유 및 천연가스가 있을 가능성이 매우 높은 곳이기 때문에 오랫동안 분쟁지역으로 분류되었다.

1975년 자에드 국왕은 이 국경문제를 해결하기 위해 사우디아라비아 파이잘 국왕과 직접 협상 테이블에 나섰다. 그리고 6년 간의 줄다리기 끝에 1980년, 국경문제를 극적으로 타결하는 데 성공했다. 양국 간의 국제협정이 체결되면서 사우다아라비아 정부는 그동안 애써 무시해왔던 UAE 존재를 인정하기에 이르렀다.

이 두 나라 사이의 협정이 성공함으로써 셰이크 자에드 국왕이 생각했던 아라바아 만(灣) 국가의 미래를 보장할 국가기구 조성이 빛을 보게 되었다. 그는 평소부터 이러한 노력만이 아라비아 만 일대의 국가들에게 필요한 동참과 협력을 동시에 가질 수 있다고 믿었고 지금과 같은 형태의 GCC 설립을 가능하게 만들었다. 결국 지난 1981년 5월 GCC 헌장식에는 아부다비를 비롯하여 카타르와 쿠웨이트, 사우디아라비아와 오만, 그리고 바레인 6개국이 회원국으로 서명하게 된다. 번영의 토대를 다지는 계기가 된 이 서명식과 함께 이들 국가 사이의 연대는 아라비아 만의 안정과 안보가 확립되고, 번영을 거듭해 오늘에 이른다.

물론 초대 회장에는 셰이크 자에드 국왕이 취임을 했다. 이를 통해 오일머니를 기반으로 지금의 걸프펀드(Gulf Fund)가 탄생함을 알 수 있다. 특히 GCC 6개국은 국제질서를 확고히 하며 동시에 세 가지 목표를 달성하기 위해 국력을 쏟았다.

첫째는 아라비아 만(灣)의 평화와 번영, 둘째는 아랍 세계의 결속, 셋째는 이를 통한 세계무대로의 진출이다. 따라서 제2차 세계대전 이후 아랍 세계의 통합을 위한 계획을 최초로 성공시킨 GCC는 구성과 정체성 등이 유럽연합(EU)과 매우 닮았다. 이미 GCC 6개국은 비자가 없이도 자유로운 왕래가 가능하고, 석유와 천연가스의 수출전략 및 재정적 투자교역은 무관세로 이루어지고 있다.

GCC 중동국가의 걸프연합군 창설

GCC 6개국은 2009년 12월 15일 EU처럼 걸프연합군을 창설하기로 합의했다. 세계 전체 석유매장량의 45%를 차지하는 GCC가 결속력을 높이면서 세계에서 중동국가들의 영향력이 커질 것으로 보인다. GCC 회원국들은 이날 쿠웨이트에서 열린 제30차 연례

정상회의에서 걸프연합군 창설을 천명하고 나섰다.

AFP통신에 따르면 압둘 라흐만 알 아티야 GCC 사무총장은 "연합군은 지역의 안정과 안보를 지원하는 임무를 맡게 될 것"이라며 "예멘 반군이 사우디 영토를 침공한 사례처럼 지역 안보를 위협하는 사태에 연합군이 적극 개입할 것이다"라고 밝혔다.

다만 단일통화의 출범은 2010년을 기대했지만, 중앙은행 설립 지역 문제를 두고 사우디와 아부다비가 대립각을 세운 탓에 2013년에나 합의될 모양이다. 이미 단일 통화명은 칼리지(Khaleeji)로 정했고 6개국이 단일 통화정책을 시행하면 GDP 규모는 8,000억 달러에 달해 세계 15위인 호주에 버금가는 경제대국이 될 것으로 예상된다.

국부펀드 지형도는 3파전으로

괴력을 지닌 걸프펀드의 지형도를 살펴보면 글로벌 국부펀드는 아라비아 만으로부터 시작되었다는 것을 알 수 있다. 이는 고유가 행진에 따른 뭉칫돈 형성에 의한 국부의 탄생이 가능함을 의미한다. 앞에서 여러 차례 얘기한 대로 여기에 불을 댕긴 곳은 1974년 싱가포르의 테마섹이었다. 그러나 국부펀드 역사를 다시 들쳐보면 1953년 이미 쿠웨이트가 국부펀드 운용으로 자국의 번영을 이룬 기록도 있다.

이들 걸프펀드의 특징은 '미 투'(me too)와 '어깨동무'로, 서로 협력을 강조하고 있지만 다른 한편으로는 '거부성향'(refusal)을 아직도 불식시키지 못한 점이 시정되지 않고 그대로 답습되는 사례가 이어지고 있다. 하지만 글로벌 금융위기 이후의 국부펀드 지형은 산티아고 원칙에 의해 재정립되었고 또 공개되는 과정에서 CIC와 같은 새로운 국부펀드 강자가 출현하기도 했다. 여기에 국부펀드의 운용에서 모범 답안을 쓰고 있는 싱가포르의 테마섹과 말레이시아 카자나(Khazanah National Berhed)가 동승해 3파전으로 확대되어 오늘에 이르렀다.

정작 이 3파전이 대단한 것은 따로 있다. '미 투'와 '어깨동무', 그리고 '거부성향'을 국부펀드 수익의 전술적 가치로 인정하기 시작한 점이다. 걸프펀드의 뭉칫돈 운용 미숙을 비방과 배격의 이유로 삼았던 서구 세력들이 CIC의 공격적인 국부펀드 운용에 고개를 숙이고 숨소리를 죽이는 동안 이슬람 금융의 중심지로 급부상한 싱가포르 테마섹과 말레이시아 카자나가 걸프펀드와 중국 국부펀드 사이를 파고들어서 새로운 바람을 일으키고 있기 때문에 그렇다.

걸프펀드는 세계 국부펀드의 절반이 넘는 운용기금을 가지고 있어서 그동안 '너무 많이, 너무 급하게 움직인다'는 비난과 시샘에서 자유롭지 못했지만 산티아고 원칙에 합의하면서 새로운 강자로 재등장하고 있다. 그중에서도 ADIA의 변신은 가장 대표적인 케이스로서 CIC와 함께 새로운 강자로 군림하는 일이 이제부터 시간문제로 남을 공산이 갈수록 커지고 있다.

3

새로운 은행 자본규제는 바젤Ⅲ에서 완성되고

고객이 맡긴 돈으로 수익을 내어 그들에게 이자를 보태주는 은행들이 망한다고 생각이나 했을까. 우리는 막연하게 대마불사(大馬不死)의 신화만 믿고 있다. 그러나 미국과 유럽연합에서는 글로벌 금융위기 이전부터 은행의 부도와 폐업이 그렇게 놀라운 일이 아니었다. 경제 일상에서 흔한 소식일 뿐이다. 국제금융의 메커니즘이 그렇게 작동하고 있기 때문에 수익계정보다 리스크가 많으면 자연스런 경제현상으로 치부한 까닭이다.

이런 이유 때문에 전 세계 파이낸스 파워들은 금융기업의 부도와 폐망을 기정사실로 인정해 보다 근본적인 대안과 적절한 처방을 계속 요구하기에 이르렀다. 세계의 크고 작은 은행이 자본에 비해 지나치게 영업을 확대하지 않도록 규제로 묶어 은행부실을 사전에 차단하는 은행 자본규제 기준이 필요했다. 이 규제의 가이드라인을 제정한 세계금융감독위원회가 스위스 바젤에 위치하기 때문에 바젤Ⅰ, 바젤Ⅱ, 바젤Ⅲ로 명명되었다.

은행 자본규제의 가이드라인 바젤Ⅲ

국부펀드의 포트폴리오에서 투자은행이나 상업은행에 투자하는 비중은 갈수록 높아지고 있다. 각종 국채 매입의 규모를 넘어섰다. 따라서 이들은 은행의 자본규제를 입에 달고 있다. 1974년 독일 헤르슈타트 은행의 청산과정에서 미국 은행들이 빌려준 돈을 지급받지 못하는 사건이 발생하면서부터다. 당시 G7 중앙은행 총재들은 은행감독의 국제적 공조를 위해 스위스의 바젤에 위치한 국제결제은행(BIS) 산하에 지금의 바젤은행감독위원회(BCBS)를 설립하게 되었다. 이후 BCBS는 은행 자본규제의 국제적 통일기준과 은행감독에 관한 각종 모범기준 등을 제공하고 있다.

바젤Ⅰ은 신용리스크(대출이 부실화되는 위험)에 초점을 맞춘 규제로서 자기자본을 위험가중자산의 8% 이상 적립해야 한다는 규정을 골자로 한다. 2004년 BCBS는 다시 바젤Ⅱ를 규정해 은행 운영위험까지 고려해 규제를 강화하는 규정의 시행을 서둘렀다. 그런데 그 새로운 기준인 바젤Ⅱ가 제대로 시행되기도 전에 미국발 서브프라임 모기지 금융위기가 발생하는 바람에 전 세계는 이제 새로운 기준이 필요함을 적실하게 인지했다.

2010년 9월 12일 그 새 기준인 바젤Ⅲ를 발표하기에 이른다. BCBS는 자본의 개념을 강화해 기본자본(Tier 1)의 비중을 크게 높였다. 그동안 많은 은행이 후순위 채권 등 불확실성 자본으로 보완자본(Tier 2)을 많이 늘리는 측면이 있었지만 이제는 그럴 여지가 대폭 줄었다. 요컨대 바젤Ⅲ는 은행자본 개혁안으로서 전 세계 은행들이 2013년부터 자본금을 대폭 더 쌓아야 한다는 규정을 담고 있다. 어떠한 금융위기가 닥쳐도 은행들이 버틸 수 있도록 하는 자본규제로서 최소 한 달 치 현금 확보를 강조한 규제에 해당한다.

실제로 산티아고 원칙은 강제성을 배제시키고 있지만 2013년 시행을 앞둔 이 새 협약은 장클로드 트리셰(Jean-Claude Trichet) 유럽중앙은행(ECB) 총재를 비롯한 전 세계 27개국 중앙은행 총재, 그리고 금융감독 수장들이 금융위기 재발을 막기 위해 머리를 모은 것이다. 세계은행들이 자기자본 비율을 대폭 높이고 동시에 은행의 차입활동을 규제하는 내용이 바로 바젤Ⅲ이다.

다시 정리하자면 새 협약은 현재 2% 수준인 은행의 자기자본 비율을 4.5% 올리고 별도충당금(conservation buffer) 2.5%를 추가 비축해 총 7% 이상의 자기자본을 항상 확보하도록 규정하고 있다.

국부펀드 운용자들이 바젤Ⅲ를 반기는 이유

은행들은 경기호황으로 은행수익이 늘어났을 경우 경기조정용 보완자본(counter cyclical buffer) 명목으로 2.5%의 자본금을 추가 정립해야 한다. 또 은행들이 최소 자기자본 비율을 지키지 못하면 해당 은행의 파생상품 투자를 규제하거나 은행 임직원 보너스 지급에 제약을 받는다. 따라서 세계 주요 은행들은 대부분 자기자본 비율이 7% 이상이라서 당장 자본금을 확충해야 하는 상황은 아니지만 일부 자본상태가 부실한 은행들은 증자(增資)를 통해 자본을 보완하는 조치를 2012년 12월까지 취해야 한다.

바젤Ⅲ는 지금까지 나온 금융 건전성 규제 가운데 가장 강력한 내용을 담고 있지만 당장 국내 은행들에게 미칠 영향은 그리 크지 않을 것이라는 분석이다. ADIA 관계자의 입장에서 보면 2008년 미국 은행에 투자하여 큰 손실을 입은 경험이 있어 바젤Ⅲ를 어느 때보다 크게 반기는 분위기가 역력하다고 아랍통신 WAN은 전하고 있다.

미국과 유럽의 은행 중에서는 그동안 후순위 채권을 많이 발행하여 자기자본 건전성에서 취약성을 가진 은행들이 많다. 이들 은행은 보통주 확대 등 건전성을 높이는 노력이 요구되고 있다. 지나치게 레버리지를 일으켜 은행은 물론 국가경제의 불안정성을 증폭시키는 일이 없도록 하는 일을 막아야 하기에 그렇다.

이 때문에 국부펀드 운용자들은 2013년부터 시행되는 바젤Ⅲ에 대한 기대가 주는 효과를 새로운 금융질서의 잣대로 가늠해 평가절상으로 생각하고 있다. 우선 바젤Ⅲ를 통해 은행이 망하는 금융위기 사태를 면할 수 있고, 이에 따라 건전성이 확보되면 국부펀드 운용자에게 부과되는 리스크가 줄어드는 획기적인 조치로 평가하고 있는지 모른다.

4 믿는 것은 국부펀드 매니저

지난해 가을 사립대학의 불법 투자 문제가 국회의 국감장을 뜨겁게 달구었다. 국감자료에 따르면 한국 사립대학들이 등록금으로 마련한 교비 등 학교운영자금을 위험성 높은 해외펀드와 수익증권 등에 투자한 사례가 광범위하게 발견되었다. 엎친 데 덮친 격으로 수익보다는 손실이 눈덩이처럼 커져서 언론의 질타를 면하기 어렵게 되었다.

하긴 사립대학 기금 운용자들도 글로벌 금융위기라는 넘기 어려운 파고를 원인으로 지목할지 모른다. 기실 미국의 하버드대학 기금 운용자들도 많은 손실로 동문들로부터 질타를 받으며 시정을 요구받고 있다. 때문에 한국 사립대학들의 "한 푼이 아쉬운데…… 불법인 줄 알지만 어쩔 수 없었다"는 자조가 섞인 변명은 곧 국부펀드 매니저의 중요성과 역할을 다시금 돌아보게 하는 계기가 되었다.

문제는 사학들이 등록금 등으로 마련한 학교운영비를 불법 투자해 원금을 잃고 이를 감추려고 분식회계를 한 후 의혹이 발견되었다는 점이다. 감추기에 급급하기보다 차라리 공개했다면 더 큰 피해는 막을 수 있지 않았을까. 또한 기금 운용자들이 조사와 연구를 지속적으로 하며 미래를 생각하는 펀드매니저의 본분에 소홀했던 것도 사실이다.

같은 이유로 ADIA는 글로벌 금융위기 이후 펀드매니저의 자질과 역할에 관한 개혁을 지상최대 과제로 선정했다. 우선적으로 기존의 외부기관 위탁비율을 70%에서 60%로 낮추고 대신 내부기관 위탁비율을 30%에서 40%로 높여서 포트폴리오를 만들고 있다. 따라서 국부펀드 매니저의 운용의 폭을 넓힌 한편 그들에게 연구를 수행하는 데 만전을 기할 것을 주문하고 있다. 문제는 곧 사람, 뭉칫돈 굴리기의 필요조건은 국부펀드 매니저의 머리와 자질이라는 것을 간파한 것이다.

믿는 게 그들의 머리와 손이라는 사실에 동의한 것과 무관하지 않을 터다. 왜냐하면 경제 3주체들에게서 경제변수는 가변적인 것이고, 또 진화하는 속도가 옛날과 다르게 작동하기 때문에 그렇다. 크게 세 가지 변수로서 각기 다른 불황 DNA가 상존한 결과다. 예를 들면 가계 부실대출 DNA와 기업 장기불황 DNA, 그리고 정부 재정불황 DNA가 고리를 이루어 작동하는 일이 다반사로 이어지고 있었던 것이다.

이 세 가지 불황의 고리는 서로 얽혀 있어 글로벌 금융위기로 이어지고 있기 때문에 국부펀드 매니저의 머리와 손은 물레방아처럼 끊임없이 돌아가야 하는 것이다.

국부펀드 매니저는 사냥꾼

사냥꾼은 산으로 강으로 돌아다니며 사냥감을 찾아다닌다. 국부펀드 매니저 역시 오대양 육대주를 인터넷으로 넘나들며 성장가능성(또는 수익가능성)이 좋은 투자처를 찾아 하루 24시간을 시간 단위로 쪼개서 활용하고 있다. 그래서 사냥꾼과 펀드매니저는 같은 부류다. 이들 사냥꾼과 펀드매니저들이 최고의 덕목으로 삼는 것은 경험인데 사냥 루트와 사냥감에 대한 정보가 바로 자신의 경험을 통해 축척되는 것도 서로 비슷하다.

실제로 사냥꾼은 활만 잘 쏜다고 좋은 사냥꾼이 될 수 없다. 계절별로 살이 오른 사냥감 위치를 알고 있어야 하고 사냥꾼 냄새를 지울 수 있도록 풍향도 읽을 줄 알아야 한다. 국부펀드 매니저도 마찬가지다. 운 좋게 성장가능성이 높은 투자처를 발견하면 수익률 제고에 도움이 되지만 결국 가장 중요한 것은 오랫동안 글로벌 파이낸스 마켓과 경제3주체의 변화를 읽고 이 시장을 들여다볼 수 있는 지혜를 모아야 한다. 다르게 표현하면 국부펀드 매니저는 '돈 냄새'를 잘 맡는 것에서 후한 점수를 받는다.

국부펀드 매니저와 진정한 '사냥꾼'으로서의 면모를 갖추기 위해서는 금맥을 발굴하는 금광업자처럼 직접 현장을 찾아서 전 세계를 누비는 노력이 보태져야 한다. 그래야만 우리가 존경하고 우상으로 삼은 수준의 국부펀드 매니저 반열에 오를 수 있다. 이를 강조하기 위해 제5장에서 글로벌 파이낸스 마켓의 흐름과 함께 걸프펀드 위상과 금융규제 질서 바젤Ⅲ을 화두로 삼았다. 그리고 마지막은 국부펀드 매니저의 자질과 역할을 다룬다. 아무리 뭉칫돈이라고 불리는 국부펀드라고 해도 이를 섬세하게 운용하고 굴리는 일은 국부펀드 매니저의 몫이다. 그들의 머리와 손에 의해 국부펀드의 현재와 미래가 좌우된다.

국부펀드 매니저의 일거수일투족은 일반 펀드매니저처럼 자세하게 소개되지 않았다. 그들의 운용기법은 아직도 베일에 가려 있다. 그렇다고 해도 국부펀드의 위탁 외부기관에서 일하는 펀드매니저의 일상과 철학이 크게 다르지는 않기에 그들을 가리고 있는 베일을 찬찬히 들여다보면 이해하기는 어렵지 않을 것이다.

펀드매니저의 세계

펀드매니저의 세계에서 독보적인 인사는 하늘에 떠 있는 별처럼 많고 많다. 우열을 구분할 수 없을 만큼 다양한 부분에서 수익계정을 만들고 있어서다. 그러나 여기에도 등급이 있다. 펀드매니저의 연봉과 급여가 천차만별로 그들만의 세계에서 탁월한 수익실적을 올리면 몸값도 함께 큰 폭으로 오르기에 그들의 세계는 항상 주목의 대상이 된다. 예를 들면 피텔리티 인터내셔널의 팩웅을 비롯하여 블랙록운용의 리처드 데이비스, 악사운용의 샤를 파르맹디도와 ING운용의 브라틴 산얄이 그들이다. 특히 ING운용의 간판 펀드매니저인 브라틴 산얄은 독보적인 존재다. 그는 펀드매니저의 세계를 이렇게 정의한다.

"펀드매니저는 금융시장에서 거둔 성과와 실패가 하루, 분기, 연 단위로 소수점 둘째자리까지 기록되는 유일한 직업이다."

어차피 같은 시장을 두고 싸워야 하기 때문에 지역과 위치에 관계없이 전 세계 모든 펀드매니저 사이의 경쟁은 수익률이라는 형태로 전 세계 모든 투자자에게 생중계된다. 이러한 펀드매니저 사이의 치열한 경쟁에서 살아남기 위해서는 적어도 담당 지역의 경제성장과 금리, 정치상황과 통화 등 자산 가격에 영향을 미칠 수 있는 모든 가능한 변수에 친숙해야 한다.

22년 경력자인 브라틴 산얄은 그를 펀드 운용의 세계로 이끈 것이 바로 '왜?'라는 물음이었다고 국내 한 경제신문사 기자에게 고백(?)했다. 1985년 '인도의 MIT'에 해당하는 인도공과대학교(IIT) 물리대학 3학년 때 우연히 들은 '뭉칫돈 강의'가 펀드매니저로서 그의 진로를 결정한 것이다.

이머징마켓 전문가답게 그가 제시하는 현재 이 시장의 키워드로는 첫째, 중국 경기 속도의 현실화. 둘째, 브릭스의(BRICs) 투자매력 지속. 셋째는 한국을 비롯하여 인도네시아와 터키 등 이른바 N11(Next 11)이 성장 잠재력 국가로 등극한 것을 꼽았다. 또한 그는 펀드매니저 성공의 길로 심도 있는 일선 경험과 특화된 전문성 유지, 자기만의 브랜드 확립과 시장 기대를 뛰어넘는 창의성의 견지 등을 제시하기도 했다. 다시 말해 국부펀드의 미래는 세계사적 금융의 흐름과 제도를 통해 결정되지만 결국 뭉칫돈 국부펀드 역시 사람에 의한 수익 엮기이기 때문에 국부펀드 매니저의 자질과 역량에 대한 기대는 끝이 없을 터다.

Chapter 6

Line up! We leagued with Ours

1

그들만의 세계, 그들만의 리그

첫 번째 공식

4 + 3 = 7

2 + 3 = 5

누구나 쉽게 답을 알 수 있는 문제다. 굳이 이런 유치원 선문답을 꺼낸 이유는, 물론 있다. 국부펀드를 이해하는 금융인에게는 이 문제에 공감하는 바가 있을 것이다.

이해를 돕자면 여기서 4는 세계 40개국 50여 국부펀드의 운용자금 규모 미화 4조를 뜻하고 같은 배열의 3은 이슬람 금융의 크기다. 아래 문제의 2는 걸프펀드의 운용자금 규모를 말하고 3은 앞의 이슬람 금융과 같은 수치를 일컫는다. 우선 KIC를 통해 국부펀드를 운용하고 있는 한국인에게는 이 두 가지 문제에 달인이 될 수밖에 없다.

지금은 옛날과 다르게 1대1 대면 거래 대신 다자간 거래가 빈

번하게 이루어지고 있기 때문에 걸프펀드를 대표하는 ADIA와의 윈—윈—윈 테크를 완수하기 위해서라도 이슬람 금융과의 선택과 집중은 이제 필수사항으로 대두된 지 오래다. 이러한 세계 금융과 그 운용의 질서를 조합해보면 그들만의 세계, 그들만의 리그가 존재할 수밖에 없을 터다. 그래서 생긴 이 수학공식이 세계 금융의 기준이 되면서 그들만의 리그는 그렇게 영글어가고 있다.

두 번째 공식

국격(國格) + 국부(國富) = 국부펀드 역할

산티아고 원칙 + 바젤Ⅲ = 국부펀드 미션

우리가 잘 알고 있듯이 국부펀드는 헤지펀드나 사모펀드와 다르게 국가의 국부에서 생긴 자금을 바탕으로 이루어지고 있기 때문에 국격과 국부의 바로미터가 된다. 따라서 이 기금운용에 대한 관심의 이면에는 투명성과 안정성 확보에 대한 요구가 들어 있다. 이러한 요구는 국부펀드 역할로서 국격과 국부의 본령에 한 치도 벗어날 수 없다는 태생적 가치관과 깊은 관계를 맺고 있다.

운용 기금의 규모와 성격이 국가 차원이라는 점 때문에, 약과 독이 서로 번갈아서 변하는 그간의 세계 경제 질서에서 자유롭지 못한 점도 또 하나의 이유가 된다. 때문에 전 세계 경제인들은 그들의 리그가 3년 전부터 산티아고 원칙을 제안했고 다시 이것도 부족해 바젤Ⅰ에서 바젤Ⅱ을 건너뛰고 새롭게 바젤Ⅲ을 시행하는 것을 긍정적으로 바라보고 있다. 국부펀드의 역할이 사회간접자본 투자에서 상당부분 긍정적인 효과를 보였기 때문에 그렇다.

21세기 기술의 발전에 힘입어 모든 산업이 대형화와 장기화로 변화하고 있다는 점도 국부펀드 운용에 대한 기대치를 높이는 요인이 된다. 예를 들면 국부펀드 운용자들은 녹색성장산업의 강자 원자력발전소 건설과 고속철도 구축, 우주산업 등에 이르기까지 천문학적인 투자가 이어짐에 따라 성과가 판가름이 난다는 점을 기억할 필요가 있다. 국부펀드는 헤지펀드라든가 사모펀드처럼 단기가 아닌 장기자금에서 더 매력이 있다는 것도.

세 번째 공식

국부펀드 운용 규모 + 수익구조 달성 = 메이저리그

국부펀드 운용 규모 - 손실구조 발생 = 마이너리그

국부펀드를 메이저리그와 마이너리그로 구분하는 것은 경제학자들이 만든 기준에 불과하다. 하지만 40여 국가에서 운용하는 50여 개의 국부펀드들은 작당(?)하듯 메이저리그와 마이너리그로 구분하고 있다. 그 기준은 수익구조 달성과 손실구조 발생에 따른 등급이다. 여기다가 달러화의 블랙홀로 불리는 중국 국부펀드의 공격적인 운용이 옛날과 다르게 진행되고 있기 때문에 그런 구분은 이제 시작에 불과하다. 더 치열한 경쟁과 운용의 패턴이 녹색성장과 같은 신성장산업의 발달과 맞물려 동적으로 움직일 소지가 있기에 그렇다.

정답이 없는 문제를 두고 정답을 도출하려는 스포츠처럼 메이저와 마이너로 굳이 나누려면 리스크 관리와 운용의 묘(妙)에 따른 영업실적에서의 그런 구분이 더 생산적일 수 있다. 전대미문의 2008년 9월 글로벌 금융위기를 겪으면서 생긴 국부펀드의 평가 잣대가 그렇게 움직이고 있기 때문이다. 따라서 국부펀드들이 만들어 가고 있는 그들만의 세계, 그들만의 리그에 앞에서 소개한 세 가지 수학공식을 조합해보면 어느 정도 구분의 기준을 알 수 있다.

이를 확인하기 위해 괄목할 만한 성적을 내고 있는 네 개의 국부펀드를 순례할 것이다. 이 네 개의 국부펀드는 ADIA에 직·간접적으로 영향과 교훈을 끼친 그들만의 리그이기 때문에 이는 ADIA의 대해부를 완성하기 위한 순례일 수 있다. 관광대국 스페인의 유명한 순례길인 '산티아고 순례'를 떠올려보면 여러 가지 측면에서 교훈적 묵시(默示)가 될 수 있지 않을까 생각된다.

2

국부펀드의 교과서 노르웨이 글로벌연금펀드

노르웨이 수도 오슬로의 금융 중심지 방크프라센 거리에는 노르웨이 중앙은행(Norges Bank)이 있다. 1800년대 초반에 지은 고풍스런 건물이지만 2005년 리모델링에 들어간 이후에는 현대적인 분위기가 물씬 풍기는 건물로 변했다. 이 은행 3층에 노르웨이 중앙은행 투자운용그룹(NBIM)이 자리를 잡고 있다. 이 그룹의 밑에 세계 2위 뭉칫돈 운용 규모를 자랑하는 GPF(Government Pension Fund, 노르웨이 글로벌연금펀드) 본사가 있다. 2005년 출범한 KIC는 이 GPF를 벤치마킹한 것이다.

GPF의 4% 룰

노르웨이는 사우디아라비아, 러시아와 함께 세계 3대 석유 및 천연가스 수출국이다. 노르웨이 정부는 이 에너지자원으로 오늘날과 같은 국부를 이루어냈다. 1969년 북해에서 처음 석유가 발견된 후 1990년 노르웨이 정부는 수출한 석유자본으로 국부펀드 NIS펀드를 출범시킨다. 그리고 다시 2006년 석유펀드(The Petroleum Fund)와 국가보험펀드(NIS Fund)를 통합시켜 지금의 GPF가 탄생하게 되었다.

국부펀드의 교과서로 칭송받고 있는 GPF의 뭉칫돈 운용은 NBIM가 맡고 있고 기금 규모는 4,450억 달러에 달한다. 우리가 GPF를 국부펀드의 모범답안으로 대접하는 이유는 두 가지 관점에서 후한 점수를 줄만 하기 때문이다. 그것은 공인된 인사로 구성된 윤리위원회(Ethics of Council) 운영과 그들의 투자 철학인 '4% 룰'을 준수하는 데 있다. 그래서 최근 미국 라스베이거스 소재 국부펀드연구원(SWF Institute)은 GPF에게 싱가포르 테마섹과 같은 수준의 투명성 지수 10이라는 최고의 점수를 주었다.

이 연구원의 자료에 따르면 GPF는 국부펀드 수익의 4%까지만 재정으로 집행한다는 것을 문서화했다. 이러한 가이드라인을 수용하게 된 것은 이를 자국의 인플레이션을 방지하기 위한 적합한 선으로 여기고 있기 때문이기도 하다. 따라서 GPF는 기금운영의 목표가 국부의 축적과 함께 석유 가격의 변동성을 대비하고 이를 장기적인 관점에서 운용하는 것이라고 명확히 밝히고 있다. 하지만 GPF도 이번 글로벌 금융위기가 내리친 당시에는 4% 룰을 깨고 탄력적으로 운영하는 '운용의 묘'도 보였다.

국부펀드 운용에 있어서 윤리위원회와의 관계 설정

GPF는 오래전부터 윤리위원회를 운영하고 있다. GPF는 국부펀드를 운용하는 곳이지만 이 펀드와 관련된 모든 정책을 수립하는 주체는 노르웨이 재정부(Ministry of Finance)이다. 윤리위원회는 이 재정부 아래에서 비윤리적인 종목을 선정해 포트폴리오에서 삭제를 권고하는 기구다.

비윤리적인 종목으로는 핵무기 제조하는 기업을 비롯하여 환경오염과 부정부패 기업, 그리고 아동 확대와 노동 착취를 저지른 기업을 포함하고 있다. 이에 따라 2006년 인권 유린 논란에 휩싸인 월마트 주식을 매도했고, 2008년에는 환경 이슈와 관련해 세계적인 광산회사 리오틴토(Rio-Tinto)와 인도네시아 그라스버그(Grasberg) 광산 등을 소유한 맥모란(McMoRan)에 대해서도 투자를 중지했다. 최근의 이슈로는 담배회사의 퇴출이다. 2009년 GPF는 20억 달러 규모의 17개 담배회사의 주식을 전량 매도했다. 이는 윤리적인 이유 때문에 포트폴리오에서 제거하는 사례로는 국부펀드 역사상 가장 큰 규모였다.

이 윤리위원회에 소속된 5명의 위원 중 수석위원인 안드레아스 폴레스달(Andreas Follesdal) 오슬로대학 정치철학과 교수의 언급에는 참고할 만한 내용이 많다.

"노르웨이 국부펀드는 궁극적으로 미래 세대를 위해 존재한다. 물론 일차적으로는 국부를 축적해야 하지만 그 과정에서 인류에 해를 끼치는 어떤 간접 투자행위도 있어서는 안 된다."

노르웨이 국부펀드의 모범답안

운용기금 4,450억 달러를 운용하는 노르웨이중앙은행투자운용그룹(NBIM)의 모범 사례 중 하나는 인력비용의 절감이다. 방대한 분량의 조사와 분석 작업을 모두 아웃소싱으로 처리하고 있다.

우리 돈으로 500조 원을 운용하는 NBIM의 정규직 직원은 200명 내외다. 믿기지 않겠지만 그것도 본부 직원 200명은 대부분 운용 인력이다. 리서치와 분석을 담당하는 조직은 100% 외부위탁으로 채우고 있다. 가령 인도 담당 애널리스트는 모건스탠리 인도사무소에서 근무하고 있는데, NBIM이 자산관리를 위탁하는 대신 모건스탠리 측이 원활한 투자 진행을 위해 전담 애널리스트를 고용하는 방식으로 기금운용 업무를 처리하고 있다. 이러한 경영합리화를 통해 전 세계 각 지역에서 같은 방식으로 아웃소싱을 최대한 활용하고 있다. 오슬로 본점과 뉴욕, 런던과 홍콩지점의 정규 직원을 제외하더라도 아웃소싱 인력은 300여 명에 달한다. 또한 인사 · 총무 · 전산 등 기타 관리조직은 노르웨이 중앙은행을 최대한 활용하고 있다.

NBIM의 투자수익률

2009년 연차보고서에 따르면 연간 투자수익률은 3.9%이다. 이 수치는 2006년도와 비교하면 커다란 차이가 있다. 실제로 NBIM은 2003년~2007년의 5년간 17% 수익률을 자랑했지만 최근에는 3.9%에 머물고 있다.

글로벌 금융위기 이전과 이후로 나누면 그렇게 큰 차이가 발생한 것도 납득할 수 있다. 창립 이후 벤치마크보다 0.7%포인트 높은 수익률을 달성시킨 점을 기억해보면 금융위기 이전과 이후의 실적이 크게 달라지고 있음을 알 수 있다.

투자 포트폴리오 분산

최근 국부펀드연구원 자료에 따르면 NBIM 포트폴리오는 주식에 35%, 채권에 30%, 소매펀드에 20%, 나머지 15%는 사모펀드와 헤지펀드, 그리고 인프라펀드에 투자하는 포트폴리오 형태를 취하고 있다. 한국의 투자 종목으로는 풍산과 한화가 포함되어 있었다. 하지만 포트폴리오의 분산에서 뭉칫돈 운용의 속성상 이 수치는 국제 실물경제의 흐름과 거시경제의 변화에 따라 매우 유동적으로 움직일 수 있다는 점을 기억해둘 필요가 있다.

NBIM의 성공요인

세계 국부펀드 운용에서 모범답안을 만들었던 NBIM의 성공요인은 다음과 같이 크게 여섯 가지로 요약할 수 있다.

첫째, 성과중심의 자산 운용. 둘째, 개별 펀드매니저에게 과감한 투자집행 위임. 셋째, 노르웨이 재무부와 노르웨이 중앙은행, 그리고 NBIM 등 3자 간 명확한 역할 분담. 넷째, 국부펀드 운용의 전문화 추구(아웃소싱의 현지화). 다섯째, 성과에 연동한 인센티브 시스템 적용. 마지막 여섯째, 변화를 적극 수용하는 조직문화의 활성화를 꼽을 수 있다.

최근 크누트 세르 NBIM 대표의 국내 한 언론매체와의 인터뷰 내용 중 "우리는 투자정보를 분기마다 공개하는 것을 물론 국민이 오너십을 갖게끔 투명한 투자 철학을 실천하고 있다"라는 말에서 이와 같은 성공의 근거를 찾을 수 있다.

NBIM 새로운 베팅

2009년 9월 NBIM은 남유럽 재정위기의 중심지인 그리스와 포르투갈, 그리고 이탈리아 등의 국채를 대거 매입한 것으로 나타났다. 대부분의 국부펀드들이 이들 나라의 지급불능(디폴트) 및 국가부채 재조정 가능성을 염두에 두고 해당국 국채 매입을 꺼리고 있는 것과는 상반되는 투자결정이었다.

NBIM은 정확한 매입 규모를 밝히지는 않았지만 "이들 나라의 국채를 매입하고 있으며 지난 1/4분기 규모를 크게 늘렸다"고 말했다. 시비에른 노르웨이 재무장관도 "국부펀드의 이 같은 매입

덕분에 지난 2/4분기 유럽 채무부문의 운용 손실이 3.4%에 그쳤다"며 "장기 투자전략이 손실을 덜어줄 것이다"라고 주장했다.

석유와 천연가스 수출 이익으로 운용되는 노르웨이 국부펀드는 사전에 정해진 글로벌 인덱스를 기반으로 주식과 채권 등 각종 증권을 매입하고 있지만 이번 디폴트가 예상되는 부도위험 국가의 국채를 매입하는 일은 새로운 배팅에 속한다.

블룸버그통신은 NBIM의 이 같은 국채매입을 지켜보고서 "그리스 국채의 수익률이 현재 벤치마크인 독일 국채 수익률보다 9.95%포인트 이상 높다"며 "국채 보유에 따른 손실가능성은 높은 수익률 상쇄가 가능할 것이다"라고 평가했다. 그리스 국채와 독일 국채의 수익률 차이는 1년 전만 해도 1.15%포인트에 불과했다. 따라서 세계 국부펀드의 모범대안을 쓰고 있는 노르웨이 국부펀드 NBIM의 이번 새로운 배팅은 다른 의미의 기금운용으로서 관심의 폭을 더 넓히고 있다.

3

국부펀드의 모범 답안 싱가포르 테마섹

NBIM과 함께 전 세계 국부펀드의 모범 답안으로 평가를 받고 있는 싱가포르 국부펀드 테마섹은 2009년 2월 6일 최고경영자의 교체를 공식 발표했다. 2002년부터 테마섹을 이끌어왔던 호칭 여사 대신 호주 최대 광업회사 BHP빌리턴에서 CEO를 역임한 찰스 굿이어를 차기 내정자로 내정했다고 밝혔다.

호칭 여사는 리센룽 싱가포르 총리의 부인으로 37년의 역사를 이어온 테마섹의 산증인이다. 연차보고서에 따르면 테마섹은 글로벌 금융위기 이전까지 연평균 18%라는 엄청난 수익률을 기록해 세계 각국의 시샘을 샀다. 이는 한국을 비롯하여 중국 등이 국부펀드를 잇따라 설립하는 계기와 동기부여가 되기도 했다.

호칭 여사 취임 이후에도 테마섹은 좋은 성과를 이어갔다. 세계 유수의 투자은행 등 금융업종 투자로 재미를 봤다. 하지만 글로벌 금융위기를 겪으면서 테마섹 역시 이 금융 파고는 넘지 못했다. 특히 메릴 린치 투자로 큰 피해를 봤다. 테마섹은 2007년 12월부터 2008년 2월 사이에 메릴 린치에 50억 달러를 투자했고 2008년 여름에도 9억 달러 추가투자를 약정하기도 했다. 결국 메릴 린치가 뱅크오브아메리카(BOA)에 인수되어 테마섹이 보유한 주식은 BOA 주식으로 전환했지만 이 주식이 곤두박질치며 큰 피해로 이어진 것이다. 또 2007년 7월 20억 달러를 투자했던 바클레이스의 주가가 84.7% 폭락하는 피해도 불가피했다.

이번 CEO 교체는 이 같은 실적 악화와 무관하지 않는 것으로 보인다. 호칭 여사가 싱가포르 총리 일가이지만 극도로 부진한 성과를 가려줄 명분이 마땅치 않았을 터다. 아울러 정치에 종속되어 낙후된 지배구조를 벗어나지 못하고 있다는 언론의 비난을 이번 기회에 날려버리겠다는 복안도 함께 실행에 옮긴 것으로 분석된다. 따라서 향후 테마섹의 투자 철학의 수정이 불가피할 수 있다. 우선 광업 출신의 CEO를 영입한 만큼 금융업종에 치우친 포트폴리오 운용을 천연자원과 에너지 분야로 전환할 수 있다. 지역별 투자 비중도 큰 폭으로 바뀔 것으로 보는 언론의 시각도 있다.

동질화+이질화=동조화

면적 : 682m^2(한반도의 1/330) vs 84,000km^2

인구 : 470만 명 vs 490만 명

1인당 국민소득 : 34,760달러vs 26,360달러

왼쪽은 <2010 세계국가편람(해외경제연구소 발행)>에서 발췌한

도시국가 싱가포르, 오른쪽은 도시국가 아부다비가 속한 아랍에미리트연합의 현황이다. 석유자원의 수출로 벌어들인 뭉칫돈으로 1976년 출범한 ADIA가 벤치마킹 대상으로 1972년에 출범한 싱가포르 테마섹을 택했다는 게 동질화의 요지다.

반면 이질화는 자원부족 도시국가인 싱가포르로서는 테마섹을 통해 금융과 교육으로 국부를 창출하여 470만 명을 먹여 살리겠다는 위정자(爲政者)들의 정책과 생각에 따른 조치였다. 하지만 이번 글로벌 금융위기 이후 싱가포르는 제조업과 내수시장이 빈약한 관계로 적잖은 경제적 손실을 비껴나지 못해 한계를 경험했다.

3년여의 시간이 흐르면서 최근에는 ADIA와 테마섹의 동조화가 시작되고 있음은 역설적이게도 국부펀드의 미래까지 유추시킨 힘으로 작용함을 배제하기 어렵게 만들고 있다. 왜냐하면 최근 ADIA의 투자 철학을 살펴보면 전술적으로는 중국 국부펀드와 어깨동무하면서 미래를 향한 가치추구 지향에 전력을 다하는 모습이 동조화로 내비치고 있기에 그렇다. 다른 동조화는 글로벌 금융위기 이후의 테마섹 투자 행보를 다시 벤치마킹하면서 서구의 공세에 대비되는 경험미숙의 고리를 끊겠다는 점이 두드러져 관심의 폭을 넓혀주고 있기에 더욱 그렇다.

주식회사 싱가포르 = 테마섹

최근 1,330억 달러의 국부펀드 기금을 운용하고 있는 테마섹은

1974년 싱가포르 정부 지분 20% 이상인 싱가포르 기업을 뜻하는 GLC(Government Linked Corporation, 정부출자회사)를 관리하기 위해 만들어진 지주회사다. 그래서 정식 명칭도 '테마섹 홀딩스'이다. 테마섹은 싱가포르 정부가 직접 투자한 22개 공기업을 관리, 감독한다. 예를 들면 싱가포르텔레콤과 싱가포르항공, 항만관리운영사인 PSA와 금융그룹 DBS 등을 거느리고 있다. 이들 회사가 다시 자회사와 손(孫)회사를 두고 있어 테마섹이 영향력을 미치는 기업은 수백 개에 이른다. 싱가포르 증시에 상장한 기업 가운데 테마섹이 직접 투자한 지분은 시가총액 전체 가운데 25% 내외로 알려지고 있다.

테마섹 vs GIC

싱가포르는 두 개의 국부펀드를 운영하고 있다. 하나는 국부펀드의 교과서로 대접을 받고 있는 테마섹이다. 다른 하나인 GIC는 싱가포르 외환과 국채 매각대금, 재정잉여금 등을 정부를 대신해 굴리는 일종의 국가펀드 운용 기관으로 1981년 설립됐다. 최근 기금운용액은 2,475억 달러에 달한다. 1999년부터는 서울 파이낸스센터와 스타타워빌딩 등 알짜 빌딩에 투자해서 부동산시장의 큰 손으로 등장하기도 했다.

반면 테마섹은 장기투자 국부펀드로 미래 유망 기업을 성장시켜 수익을 극대화하는 전략을 펴고 있다. 최근 들어서는 금융상품

간 구분이 모호해지면서 테마섹과 GIC의 경계가 점점 허물어지고 있다. 하지만 이 두 싱가포르 국부펀드 사이에서 재미있는 것은 모두 리콴유 전 총리의 패밀리들의 손에 좌우되고 있다는 점이다. 이번에 사임한 테마섹의 호칭 여사는 리콴유의 며느리이다. 2002년 호칭이 테마섹 사장에 선임되었을 때 미국 경제주간지 비즈니스위크는 그의 능력에 의문을 제기했다가 정정보도문을 발표하는 해프닝도 연출했다. 아직까지도 GIC의 이사회 의장은 리콴유가 맡고 있다. 때문에 이 두 국가펀드를 두고 '리콴유 주식회사'라는 비아냥도 나온다.

Low Risk, High Return

세계 금융역사에서 가장 많이 등장하는 수익법칙이 '고위험 고수익(high risk, high return)'이다. 투자시장에서 '고수익에는 고위험이 따른다는 사실'이 불문율이다. 하지만 테마섹은 금융위기 이전인 2007년 9월까지는 이 사실을 부정하듯 '저위험 고수익(low risk, high return)'도 가능하다는 것을 직접 보여준 한 때가 있었다.

테마섹은 설립 당시 자산 3억 5,000만 싱가포르 달러로 시작해 32년 만에 35배를 자산을 늘어냈기 때문이다. 이 기간 동안 연평균 18%의 수익률을 올렸다는 신화적 투자성적표도 쌓았다. 이를 가능하게 만든 테마섹 투자전략은 크게 다섯 가지로 요약할 수 있다. 첫째 아시아 시장에 투자의 집중, 둘째 늘어나는 중산층에 주목, 셋째 바이오산업 등 비교우위 산업에 대한 집중 육성정책 유지, 넷째 이머징 마켓에서 탄생한 글로벌 기업들로 투자지분 확장. 그리고 마지막은 글로벌화로의 승부의 적중이다.

Go Global

테마섹의 경이적인 수익률 기록(신화적 투자성적표)에서 다섯 번째인 '글로벌화로의 승부'는 국부펀드의 모범 답안으로 기록을 세울 수 있는, 투자 철학의 백미가 되었다.

GLC를 관리하던 테마섹이 왜 글로벌화에 목숨을 걸었을까. 그 이유는 간단명료하다. 싱가포르 정부가 1980년대 이후 금융 · 통신 · 물류 · 부동산 · 사회간접자본 등 다양한 GLC들의 해외투자를 적극 유도하면서 지주회사인 테마섹도 글로벌화에 시동을 건 것이다. 싱가포르 정부는 구체적으로 GLC 성장을 통해 정부 지분을 줄이고 대신 감독 당국이나 위원회를 해당 GLC와 통합시켰다. 결국 테마섹의 글로벌화의 진행은 속도를 높일 수 있었고 높은 수익률 발생이라는 결과를 얻었다. 특히 1990년대 후반 아시아 외환위기 과정에서 아시아 지역 자산 가격이 폭락하자 이를 대거 매입하면서 글로벌화가 가속화되었다.

태마섹 투자가 글로벌화를 치닫게 되면서 다양화되었고 직원들도 동시에 글로벌화 되었다. 테마섹 본사 직원은 300여 명이지만 이들이 테마섹과 관련된 전 세계 25만 명의 인력들을 진두지휘하고 있다. 싱가포르를 비롯하여 중국과 미국, 러시아와 남아프리카공화국, 한국과 레바논 등에서 스카우트한 최고의 금융전문가들로 이루어진 300여 명의 다국적 직원들은 전 세계 투자 시장을 이 잡듯 뒤지며 먹잇감을 찾는 테마섹의 핵심 역량이다. 이 핵심 역량은 테마섹의 투자전략의 기본이 되면서 '전략적 개발(Strategic Development)'과 '기업 발전(Corporate Development)' 등에 탁월한 전술적 가치로 인정될 수 있었다.

최근 테마섹은 이를 통해 투자자본수익률(ROI)을 꼼꼼히 챙겨가면서 글로벌 금융위기 이후의 교훈에 만전을 기하기 시작했다. 이에 따라 사업성이 없는 것으로 밝혀지면 곧바로 투자금을 회수하기도 한다. 싱가포르 철강회사 냇스틸이 세계적 철강업체와 경쟁하기에는 규모와 역량이 너무 모자란다고 판단되자 인도 타타스틸에 팔아버린 사례도 있다. 때문에 테마섹의 글로벌화로의 승부는 빛이 바래지 않고 훗날에도 모범적인 교훈으로 남게 될 것이다. 이번 테마섹 CEO의 교체도 이런 관점에서 보면 글로벌화의 진수인 다국적 직원을 통한 일취월장을 위한 것이라 할 수 있다.

4

주식회사 중국의 중국투자공사

전 세계의 경제와 정치를 막론하고 중국을 빼놓고는 이야기가 되지 않는다. 중국은 이미 세계의 공장이라고 불릴 정도로 세계 최대 제조업 국가이자 외환보유국이다. 정부의 산업정책이나 기업의 투자계획을 짜는 데 있어서 중국의 동향을 고려하지 않을 수 없다.

국제 금융 분야에서도 예외가 없다. 물경 2조 5,000억 달러에 달하는 중국 외환보유액의 향방이 관심사가 된다. 이 뭉칫돈이 '중국'에서 '주식회사 중국'으로 변질(?)되고 다시 정책적 기조가 바뀌면 전 세계 금융업이 요동칠 수 있다. 중국 정부가 최근 출범한 4개의 국부펀드에 관한 투자방향과 투자계획은 항상 초미의 관심사로 떠오를 수밖에 없다. 특히 공격적인 국부펀드 역사를 쓰고 있는 CIC의 행보는 메가톤급 핵폭탄으로 다가오고 있다. 그래서 그에 붙어진 별명이 기린아(麒麟兒)다. 글로벌 금융위기 이후 새로운 수익원(收益源) 찾기 경쟁에 불을 지피고 있는 CIC의 변신은 더욱 관심의 폭을 증대시키고 있다.

키가 크고 덩치에 비해 무서움을 모르는 채 달리는 기린의 속성을 빼다 닮은 CIC는 2,888억 달러의 국부펀드기금을 등에 업고 해외 에너지자원에 '몰빵 투자'를 계속하고 있기 때문에 우리는 이들의 변신에 눈을 뗄 수가 없다. 세계 금융질서의 변화를 기다렸다는 듯이 이를 기회로 삼고 있는 CIC 모습은 기린을 닮은 듯하다. 놀라운 것은 이 기린이 이제 겨우 세 살이라는 점이다.

돈이 되는 곳에 CIC가 있다

중국에는 2007년에 조성된 2,888억 달러 규모의 CIC와 3,471억 달러의 중국안정화기금(SAFE) 등 모두 4개 국부펀드를 운용하고 있다. 이들 4개 국부펀드의 총 규모는 7,874억 달러에 달한다. 특히 CIC는 상품투자와 해외 자원기업의 지분 인수에 적극적이다. 최근 CIC는 미국 하버드대학 기부금펀드가 보유하고 있는 12개 부동산 펀드 가운데 6개를 5억 달러에 인수했다. 다시 반복하지만 미국의 대학 가운데 최대 규모인 하버드대학 기부금펀드(260억 달러)는 2009년 50% 이상의 손실률을 기록했다. 이 때문에 하버드대학은 부동산 펀드를 모건스탠리 등 투자은행에 매각하려 했지만 매각협상은 결렬되었다.

CIC는 캐나다 자산운용사인 브룩필드 에셋 매니지먼트에 10억 달러를 투자하기도 했다. 운용자산 240억 달러를 보유한 브룩필드 에셋 매니지먼트는 미국과 유럽을 중심으로 부동산과 전력, 산업 인프라 등에 투자하는 회사다. 또 2010년 8월에는 인도네시아 정부와 협의해 국영기업 3곳에 200억 달러를 투자하기로 협약했다. 전력회사와 항만운영회사, 그리고 석탄 생산기업 등이 인수 대상이다.

CIC의 글로벌 투자확대

CIC는 해외에 상장된 중국회사에 대한 투자와 소극적인 재무적 투자 등을 제외하고 중국 내 비(非)금융기관에는 투자를 하지 않는 것을 원칙으로 정하고 있다. 중국 금융기관에 대한 투자는 CIC가 100% 지분을 소유한 자회사인 중앙회금투자유한공사(이하 중앙회금)을 통한다. 따라서 중앙회금은 주요 핵심 금융기관의 대주주로서 이들을 지배하고 있다. 이 회사의 보도자료(2009.6.30일자)에 따르면 중국공상은행 지분 35.41%을 비롯하여 중국은행 지분 67.53%와 중국농업은행 지분 50% 등을 소유하고 있다.

최근 CIC는 미국 증권거래위원회(SEC)에 제출한 보고서에서 963,000만 달러 상당의 미국 회사 주식을 보유하고 있다고 밝혔다. 이 보고서에 따르면 CIC가 보유한 회사로는 테크리소스(35억 달러)와 모건스탠리(18억 달러), 국제적인 투자관리회사인 블랙록(7억 1,380억 달러)와 모토로라 등 널리 알려진 회사가 상당수 포함되어 있었다. 그러나 사모투자회사인 블랙스턴그룹의 30억 달러

투자(지분의 약 1%)와 후속 투자는 공시내용에서 포함되어 있지 않았으며 동시에 펀드를 통한 미국 회사에 대한 간접투자도 포함되지 않았다. CIC가 직간접적으로 보유한 미국 회사의 지분은 보고서 내용보다 더욱 많을 것으로 판단되기도 한다. 따라서 CIC의 글로벌 투자확대는 이제 시작에 불과하다는 점에서 CIC가 기린아라는 것이 판명되었다.

공격적인 해외투자

CIC는 글로벌 금융위기 와중에 해외 고위험 · 고수익 자산에 대해 공격적인 투자와 글로벌 투자확대에 따라 막대한 수익을 올렸다. CIC는 해외기업 인수와 파생상품 등 고위험 자산에 대한 집중 투자를 통해 2009년 한 해 동안 해외자산운용 분야에서 11.7% 수익률을 기록했다. 뿐만 아니라 2009년에는 미국과의 정치적 · 경제적 갈등에도 불구하고 전체 투자금의 43.9%를 미국 시장에 집중 투자했다. 실제로 2009년 11월 15억 8,000만 달러가 들어간 미국 전력회사 AES 등 기업 직접인수까지 포함하면 규모는 더 커진다.

미국의 뒤를 이어 아시아 · 태평양의 투자 비중이 28.4%, 유럽이 20.5%로 뒤를 이었고 라틴아메리카와 아프리카의 투자비율은 각각 6.3%와 0.9%에 그쳤다. 월스트리트저널(WSJ)은 최근 CIC 보고서를 인용해 이같이 보도하면서 이런 결과는 각각 -2.1%와

-0.2%를 기록했던 2008년과 2007년 수익률에 비해 크게 개선된 것이라고 전했다.

성장의 의미부여

CIC의 2009년 해외자산운용 수익률 11.7%는 고위험 · 고수익 투자정책에서 얻어진 기록이기에 경이롭기까지 하다. 극심한 세계적인 경기불황에서 얻어진 결과이기 때문이다. 이러한 경이로움을 가져다 준 성장의 의미는 무엇일까. 이 기록의 의미는 무엇일까.

첫째, 투명성이 부족한 CIC의 투자활동이 금융시장에 불리한 영향을 미칠 것이라는 우려를 불식시켰다.

둘째, 중국정부가 전통적인 미국 국채 보유에 의한 달러화의 운용방식을 적극적인 해외투자로 전환하기 시작했다는 신호로서 이에 따라 미국 국채의 가격이 하락하고 세계경제가 영향을 받을 수 있다는 점에서 자유로움을 증명했다.

셋째, 중국정부 소유 펀드라는 특성으로 투자대상국의 국가안보에 위협이 될 수 있다는 점에서 국부펀드 운용이 세계경제에 일정 부분 기여할 수 있다는 사실을 확인시켰다.

이를 반영하듯 2011년을 열면서 뭉칫돈이 쌓이고 있는 인도와 일본이 국부펀드 설립에 국민적 공감대를 얻어내 출범을 서두르는 전기를 마련한 점이 이를 방증한다.

대국굴기(大國崛起)

세계 최대 외환보유국인 중국의 질주는 2008년 베이징올림픽 이후 전 세계 경영에서 있어서 자신감을 갖기 시작했다. 이름 하여 대국굴기의 완성판을 기대하는 중국 13억 인구의 희망이고 로망에 대한 보답일 수 있다. 따지고 보면 ADIA를 비롯한 걸프펀드 규모에서도 주식회사 중국이 운용하고 있는 국부펀드 규모는 이를 앞질렀다. 게다가 기린아의 속성을 그대로 닮아 고위험 · 고수익에 전력 투자하고 있다. 다시 반복하지만 11.7% 수익률 달성은 감탄의 찬사를 받기에 충분하다.

특히 CIC의 경이로움에 취해(?) '우물 안 개구리'였던 중국 언론계도 '글로벌 미디어'로 거듭나기 위해 꿈틀거리고 있다. 이른바 '후진타오 중국 주석이 요구하는 수준의 국가 위상에 맞춰 언론 세계화의 역량강화'를 위한 대국굴기다. 실제로 중국은 베이징올림픽을 거치면서 미국 CNN과 영국 BBC 등 서구 미디어의 일반적인 비판에도 속수무책임을 깨달았다. 이 때문에 중국의 커진 위상에 걸맞은 중국의 목소리를 전 세계에 전해야 한다는 요구가 빗발쳤다. 그 결과 1069개 언론기관이 이미 미디어기업으로 전환했고 2010년 1월에는 '중국판 CNN'로 불리는 24시간 뉴스 CNC(중국신화뉴스TV)를 출범시켰다.

뭉칫돈의 위력은 이제 국부펀드의 존재가치와 의미 찾기 수준을 넘어섰다. 국부펀드 기린아인 CIC는 겨우 세 살에 지나지 않았지만 무한질주를 감행하면서 전 세계의 돈을 쓸어 담고 있다는 점이 경이롭다. 이 배경에는 중국 미디어의 글로벌화도 함께 이루어지고 있다는 사실을 인지하며, 2005년 출범한 KIC의 현재와 미래를 다음 장에서 살펴보자.

5

업그레이드 코리아의 한국투자공사

베고픈 사람은 빵의 의미를 모른다. 달콤한 빵의 영양가를 생각하는 것은 사치에 속한다. 다만 빵을 통해 허기를 채우며 살아야겠다는 간절함과 함께 빵의 고마움만을 생각할 뿐이다. 허기(虛飢)와 리스크, 그리고 글로벌 경제를 주무르는 이코노믹스에게서 빵은 지상과제의 결과물인데도 말이다. 그러나 사막의 모래가 섞인 빵을 먹어본 사람이라면 '빵 + 가난 = 돈의 가치'라는 공식에 대한 공감과 함께 베두인의 경제관에 전율하기 마련이다.

중동지역 도시국가 아부다비 도심의 코니치로드 221블록에 위치한 ADIA를 처음 방문했을 때 나는 배고픈 사람이 되어버렸다. 세계 최대의 국부펀드 운용사라든가 걸프펀드의 대표주자라든가 아부다비 경제계획 2030을 완성해나가는 금융운용사라는 수식어를 익히 알면서도 이러한 선입견은 아무런 보탬이 되지 못했다. 결론부터 말하자면 그들만의 세상, 그들만의 리그에서 뭉칫돈 운용을 통한 국부(國富)와 국격(國格)을 높일 수 있는 적임자라는 점에 저절로 허기와 시샘을 느낀 결과다. 그래서 국부펀드(SWF)에 대한 선입관과 기대감을 가슴에 묻고 귀국하여 새롭게 KIC를 바라보게 되었다.

따라서 이 책은 글로벌 그린 마케터의 입장에서 '업그레이드 코리아의 파이낸싱 KIC'를 바라보는 일과 다름없다. 물론 빵과 허기 사이의 간극을 메우기 위해 KIC의 투자정책과 전략을 살펴보는 일이 필요함을 전제한다. 왜냐하면 KIC는 국민의 세금이 투입된 한국은행 국고로부터 위임받은 투자기금을 통해 운용하는 국가조직이기 때문이다. 주인이 우리 국민이기 때문에 그렇다.

KIC SPARK Round Table

2010년 9월 29일. 이날 KIC는 보도자료를 통해 라운드 테이블 개최를 발표했다. 친절하게도 이 보도자료는 한글과 영문으로 작성되었고 함께 행사사진을 곁들었다. 이 사진 속에서 글로벌 금융시장에서 명함을 디밀어도 전혀 손색이 없는 글로벌 뱅커나 글로벌 애너리스트이 보였다. 폴 베이트먼(Paul Beteman) JP 모건의 자산운용 글로벌 회장을 비롯하여 로히드 바가트(Rohit Bhagat) 블랙록 아태지역 회장과 스코트 카브(Scott E. Kalb) KIC 투자운용본부장, 그리고 찰스 아가일(Charles S. Argyle)과 전영욱 KIC 사장 등이다.

투자운용사의 라운드 테이블의 성격이 다 그렇듯이 이 자리도 뭉칫돈 운용에서 서로의 인맥구축을 통한 발전적 미래를 모색하는 자리였다. 향후 국부펀드 KIC가 추구해야 할 투자 정책과 전략을 고민하는 모습을 알리려는 데 주최의 의미가 있다. 예를 들면 KIC 2009년 연차보고서에 나온 대로 뭉칫돈 운용에서 채권투자 대상 21개 통화를 비롯하여 채권투자 대상 56개국 국가와 국제기구, 주식투자 대상 27개 통화와 주식투자 대상 38개 국가 등이 자세하게 소개되어 있는 것을 보면 알 수 있다.

2009년 12월 기준으로 총 자산운용규모 300억 6,000만 달러(한화 32조 원 상당)에 달하는 국부펀드 KIC로서는 이러한 라운드 테이블 개최가 충분히 의미 있는 일이다.

CEO의 메시지

KIC는 국가 공공자금을 국제금융시장에서 효율적으로 운용하여 국부의 장기 구매력을 보존하고 동시에 증대하기 위해 2005년 설립되었다. 40개 조와 7개 부칙으로 구성된 한국투자공사법을 들춰보지 않아도 세계 국부펀드, 그들만의 리그에서 KIC의 위상을 드높이기까지는 아직 갈 길이 멀다. 올해로 여섯 살이 된 금융운용사라고 두둔한다 해도, 1976년에 설립된 ADIA와 비교하면 차이가 많다. 운용기금규모도 마찬가지다.

그러나 돈에는 꼬리표가 없기 때문에 얼마나 뭉칫돈을 잘 운영하느냐는 설립연도와 비례하지 않는다. 역사와 상관없이 그들만의 세상을 구축하기 마련이다. KIC보다 늦게 출발한 CIC의 성적표가 시사하는 바가 크다. 그래서 더욱 KIC의 괄목할 만한 성장을 우리는 기대하고 있다.

우선 자산운용에 전력을 다해 2009년 연차보고서에서 밝힌 대로 국제금융 선도화와 자산운용업 발전을 촉진하는 대한민국 대표 국부펀드로서 KIC 위상을 드높이는 미션이 있다는 점을 금과옥조로 삼아야 할 것이다. 세계 최대 국부펀드인 ADIA와 국부펀드의 교과서를 쓰고 있는 노르웨이연금펀드와의 단순 비교를 차치하더라도 전영욱 CEO의 다음과 같은 메시지는 시의적절하다.

“2010년은 글로벌 경기의 회복이 진행되는 가운데 각 국별로 각각의 상황에 맞는 통화 및 재정 정책이 집행될 것으로 전망합니다. 지역별로 차별화되는 경기회복 속도에 따라 일부 국가들은 선별적으로 출구전략을 단계적으로 실행해나갈 것으로 예상하고 있습니다.”

이런 이유 때문에 CEO의 메시지를 읽는 것이 필요한 일인지 모른다. 굳이 다른 이유를 곁들이자면 지난해 10월 국회 국감장에서의 KIC의 손실에 대한 책임공방을 지켜본 국민들이 우려와 기우에서 느낀 바람이 크기 때문이다.

KIC 대규모 손실 책임 공방

“부적절한 투자 결정을 한 관계자들을 엄중 처벌해야 한다.”

(이해운 의원)

“허위 · 누락 · 과장 보고한 심의관은 금융위원회에 가 있다. 조치가 있을 것이다.” (윤증현 재정부 장관)

2010년 10월 20일자 국내 한 언론매체에서 발췌한 내용이다. 이 의원은 “글로벌 금융위기 당시 KIC가 미국 투자은행 메릴 린치(현 뱅크 오브 아메리카)에 대한 부적절한 투자로 1조 2,000억 원에 달하는 손실을 입었다”면서 “KIC가 20억 달러를 투자한 뱅크 오브 아메리카 주가는 10월 15일 기준으로 11.98달러며 평가손실액은 11억 100만 달러에 달한다. 지난 9월 감사원 검사 결과를 보면 KIC는 2008년 투자과정에서 내부 통제기준을 지키지 않았고 리스크 관리팀에서 피력한 반대 의견도 무시했다”고 주장했다. 이에 대해 주무 장관은 당시 담당 공무원을 지목하며 사실을 인정했고 이 때문에 KIC의 대규모 손실에 대한 책임 공방이 뉴스가 된 것이다.

뭉칫돈 운용에서 리스크 발생은 피할 수 없다는 데 동의하면서도 국감장에서 두 가지 아쉬운 대목을 찾을 수 있다. 하나는 2011년 무역규모가 사상 처음으로 1조 달러 시대의 개막을 목전에 두고 있다는 점이다. 한국은행 발표에 따르면 외환보유액은 2,933억 달러에 달한다(2010년 10월 말 통계). 전월과 대비하면 30억 7,000만 달러나 늘어났다. 2010년 들어 벌써 네 번째의 기록을 갈아치우고 있다. 이렇게 급격한 상승세를 보인 외환보유액을 기반으로 국부와 국격의 달성을 KIC가 완수하는 일이 필요하다는 공감대가 형성되고 있다.

다른 하나는 2조 5,000억 달러의 외환보유액을 달성한 중국이 주체하기 어려울 정도로 외환이 쌓이자 국부펀드를 세 개나 운용하면서 국부와 국격을 달성시키고 있다는 점과 ADIA가 천문학적인 도시국가 재구축에 소요되는 투자비를 프로젝트 파이낸싱과 같은 수준에서 진일보된 PPP(Public Private Partnership)로 격상시켜서 운용하는 데 달인이 되고 있음에 대한 시샘이다. 물경 400억 달러에 달하는 캐피털 시티 조성자금과 220억 달러에 달하는 세계 최초의 탄소제로시티 구축비용을 담당하고 있기에 그렇다.

바야흐로 지금은 국부펀드 시대

최근 맥킨지 보고서가 화제의 중앙에서 서 있다. 맥킨지는 이 보고서를 통해 새로운 글로벌 금융업계 강자로서 국부펀드에 대한 기대치를 높이고 있다.

이 보고서에 따르면 2007년 이후 글로벌 금융시장에 4대 실력자(산유국 · 아시아 국부펀드 운용사 · 헤지펀드 · 사모투자회사)가 생겨났으나 3년이 흐른 지금은 국제자금시장에서 보면 진정한 실력자는 중동지역 국가와 아시아 지역의 국부펀드뿐이라는 것이다. 미국 국채를 필두로 안전 자산 위주의 보수적 국부펀드는 이제 전 세계 어디서나 찾아보기가 매우 어렵게 되었다. 대신 매매 타이밍을 잘못 맞춘 국부펀드들이 글로벌 금융위기를 거치는 동안 큰 손실을 통해 값비싼 수업료를 지불하고 배운 것이 대체투자다. 주식이나 채권 등 일반적인 자산에 투자하는 것이 아니라 사모주식(Private Equity)을 비롯하여 원자재와 파생상품, 부동산과 스포츠 관련 산업 등 다양한 자산에 투자하는 데 전력을 다하고 있다.

최근까지 금융주 투자에 실패한 국부펀드들이 싸니까 몰려가는 투자를 접고 자국 상황과 투자정책에 맞는 최적의 포트폴리오 구성에 몰입하는 장면을 간단없이 접할 수 있다. 예컨대 투자은행과 헤지펀드가 득세하던 이 시장을 국부펀드가 대신 이끌면서 글로벌 금융시장의 새로운 강자로 부상하기 시작했다.

KIC만의 수익모델을 만들라

국부펀드는 태생적으로 자국 이익을 보호하기 마련이지만 2008년 글로벌 금융위기를 거치면서 국부펀드의 기능이 기대 이상으로 커졌다. 일부에서는 적대적 M&A에 맞서 자국 기업을 지키기 위해 국부펀드를 동원하는가 하면 사회 안전판 노릇까지 자임하고 나선 곳까지 생겼다. 니콜라 사르코지 프랑스 대통령은 자국 기업을 지키기 위해 국부펀드 조성과 출범에 적극 발 벗고 나섰다. 그러나 그들만의 리그에 입성하기 위해서는 산티아고 원칙과 바젤Ⅲ의 합의사항을 준수해야 한다.

이를 통해 KIC는 CEO의 메시지를 통해 천명한 대로 "투자 자산의 다양화를 지속적으로 추진하는 한편 운용전략의 선진화에 따라 위험 대비 수익의 효율성 창출을 위하여 다각적으로 노력할 것"을 명심해야 한다. 그래서 KIC만의 수익모델을 만들면 된다. 가능하면 이를 만들어 내서 국회 국감장에서 나온 국회의원들로부터 질타와 비난 대신 칭찬과 격려를 받아내는 일이 미션으로 남는다. 그렇다고 거창한 수익모델을 제안할 필요는 없다. 매년 발행하는 연차보고서에 수록한 내용을 그대로 실천하면 된다. 3본부 4실 6팀의 전문화된 KIC 조직과 인력을 믿고 있기에 그렇다.

끝으로 나는 모래 섞인 빵과 오일머니로 배가 부른 ADIC의 상대성에서 느낀 허기의 함수관계를 다시 거론한다. 왜냐하면 단 나한 사람의 배고픔으로 남기를 소망하고 싶기 때문이다. 대신 가까운 내일에 그들의 세상, 그들만의 리그에서 KIC의 성공사례가 들려오길 기대할 뿐이다.

Chapter 7

ADIA가 세계를 품다

1

아부다비에서 다시 만난 비틀스

2010년 12월 10일 금요일. 특별한 날은 아니다. 무슨 특기할만한 기록이 있는 날도 아니다. 하지만 굳이 의미가 있다면 이날 아부다비를 상징하는 에티하드항공이 처음 개설한 인천공항 직항 편으로 150명의 승객을 실고 아부다비국제공항에 도착한 점일 것이다. 첫 탑승객이 된 나의 예상을 깨고, 아부다비의 날씨는 섭씨 20도. 서울의 전형적인 봄의 날씨와 진배없었다. 이러한 날씨인데도 아부다비 에미리트들은 춥다고 외출을 삼가고 있단다. 유동인구가 부쩍 줄고 있어서 나와 같은 이방인에게는 도심에 들어가는 택시잡기가 한결 쉬웠다.

코니치 로드 211블록

ADIA의 내부기관 펀드매니저 피터 브라운(38세, 가명). 그는 영국 태생이다. 영국 케임브리지를 나와 런던정경대학(LES)에서 국제관계 석사 학위를 받았다. 그와의 인터뷰는 7층 외래인 접견실에서 이루어졌다. 산티아고 원칙 이후, '외부인 출입'이라는 단어가 아예 없었다는 ADIA에게 생긴 두 가지 변화가 새삼 느껴졌다. 베일에 꼭꼭 싸여 있던, 투자전략 등이 담긴 연차보고서의 발표와 외래인 면담을 위한 문을 조금씩 열고 있다는 점이다.

피터 브라운이 속한 유럽지역 펀드매니저 전용 접견실 벽에는 세계지도 대신 다른 세 가지 그림이 손님을 맞고 있었다. 세계 최초 탄소제로도시 마스다르(Masdar)의 조감도와 북극해 항로를 펼친 지도, 그리고 영국이 자랑하는 로큰롤 밴드 비틀스의 멤버를 그린 그림이었다. 특히 작년이 존 레논(John Lennon) 사망 30주년, 탄생 70주년이라 그를 기리는 마음이 전해졌다. 방문인사도 자연스럽게 비틀스의 음악으로 시작됐다.

멀리 아라비아 해가 낙조의 노을을 받아 빛나는 모습이 한 폭의 그림을 보는 착각에 빠져들게 했고, 실내에는 물이 흐르듯 비틀스 음악이 흐르고 있었다. 한때 미국 빌보드 차트 1위를 차지한 비틀스 노래인 <In my life>와 <Yesterday>가 피터 브라운의 모습과 겹쳐지며 하나의 이미지를 만들고 있다.

음악 역사상 가장 위대한 대중음악 아티스트로 꼽히는 비틀스. 그들은 무엇보다 20세기의 가장 중요한 음악인 로큰롤을 밴드 미학으로 확립했다는 점에서 으뜸가는 역사적 위상을 차지하지 않았던가. 하지만 '노다지' 비틀스 저작권의 소유자는 고인이 된 마이클 잭슨이고 그가 남긴 소니ATV의 가치는 미화 20억 달러(2조

3,000억 원)나 된다. 하긴 비틀스 팬인 피터 브라운에게 음악과 영국은 똑같이 그의 일상일 수 있다.

그리고 2008년 ADIA는 서구의 공세 시달리고 운용 미숙을 지적당하면서도 '가치추구 지향'을 완성하기 위해 피터 브라운과 같은 영국계 펀드매니저가 필요했을 것이다.

세계를 품은 ADIA

최근 ADIA가 발표한 연차보고서에도 나와 있듯이 세계를 품은 ADIA의 미래는 지역별 투자에서도 잘 드러나 있다. 영국에 대한 투자가 큰 비중을 차지하고 있다는 사실이다. 영국 프로축구 프리미어리그의 맨체스터시티(2008년)와 포츠머스(2009년)까지 인수하여 운용하고 있는 ADIA는 이미 아시아지역 이머징마켓과도 큰 차이를 보이고 있다.

2009년에는 영국 게이트웨이공항 지분 15%와 영국 석유메이저 BP의 지분 10%를 인수하기도 했다. 이처럼 영국에 투자 비중을 높이는 이유가 곧 ADIA의 '세계화 경영'의 시발점이 된다. 그들만의 세상과 그들만의 리그에서 그들만의 축제가 되기 위해서라도 영국에 대한 투자 비중은 여기서 그치지 않을 것이다. 피터 브라운과 같은 영국 통에게 고액의 연봉과 생활주거를 제공하면서 스카우트하는 그 과정을 유추해보면 자명한 사실로 다가온다.

우리가 꿈에도 가지고 싶은 자원을 가진 '산유국 아부다비'는 석유를 통해 국부를 쌓았고 이를 운용해서 '아부다비 경제계획 2030'을 완성시키고 있다. 오일머니로 대변되는 중동지역 산유국에 관한 이미지는 비민주주의 체제와 정치 불안, 여성을 억압하는 가부장적 사회구조 등에 비춰볼 때 중동 졸부(猝富)임이 어느 누구도 부정하기 어렵다. 그러나 이러한 선입견은 그저 20세기적인 생각일 뿐이다. 세계에서 가장 탁월한 도시국가로 발돋움하려는 도시국가 아부다비의 로망은 뭉칫돈 운용에서 그 결실과 미래가 담보된다고 믿고 있다.

영국 비틀스의 저작권이 미국의 마이클 잭슨 회사로 넘어간 이후 생존한 비틀스 멤버 폴 매카트니의 재산이 덩달아 올랐다. 그는 이제 8억 파운드(1조 4,000억 원)로 추정되는 천문학적인 재산가로 등극했다. 이러한 숫자놀음이 존 레논 사망 30주년에 즈음하여 밝혀진 내용이라는 점은 ADIA의 세계화가 이제 시작일 뿐이라는 걸 방증한다. 글로벌 금융위기로 인한 손실이라는 성장통까지 앓으면서 터득한 뭉칫돈 운용의 교훈이 아니던가.

실제로 최근 ADIA의 뭉칫돈 운용에 대한 새로운 자세와 패턴을 살펴보면 영국을 아우르고 다시 이머징마켓에 진입하고 있는 수순을 밟고 있는 것을 알 수 있다. 그것도 아주 착실하게 진행하고 있다. 현장에서 직접 확인한 내용이라고 보아도 무방하다.

세계와 소통하는 ADIA

1975년 10월 9일 존 레논은 아들 션 레논을 품에 안았다. 부인 오노 요코와의 재결합에서 얻은 신의 축복이었다. 잘 알려진 대로 오노 요코는 존 레논의 영혼의 동반자로서 77세의 나이를 잊고 지금 비틀스의 부활에 앞장서고 있다. 개인적인 부와 명성을 얻고 있기에 그녀의 비틀스 팬에 대한 사랑은 아직도 진행형으로서 힘과 가치를 지니고 있다는 걸 우리는 알고 있다. 이러한 믿음은 인천과 아부다비를 잇는 에티하드항공의 직항 편에도 그대로 드러난다.

에티하드항공 기내에서 받아서 읽을 수 있는 기내 잡지를 비롯하여 두 나라 신문과 잡지매체에서도 빼놓지 않고 ADIA의 세계화를 유추할 수 있을 만큼의 정보와 기사가 넘쳐나고 있다. 게다가 에티하드항공의 인척 직항 편 취항과 함께 아시아나항공도 매일 아부다비와 인천을 오고간다.

벌써부터 탑승객 가운데는 아부다비 도심에서 33km 떨어진 실라에 세워질 아부다비 원자력발전소에 근무하는 건설 엔지니어의 모습이 보였다. 최근에는 아부다비에 파병을 나온 한국 특전사들의 모습도 보인다. 이런 변화는 세계를 품어가는 ADIA 로망과 겹쳐져 한 폭의 그림을 만들고 있다.

2

World Future Energy Summit

일시 : 2011년 1월 17~20일

장소 : 아부다비국제전시장(ADNEC)

명칭 : 세계미래에너지전시회(World Future Energy Summit)

도시국가 아부다비의 아이콘인 캐피털 게이트가 마주보이는 ADNEC에서는 매년 1월에는 어김없이 큰 전시회가 열린다. 올해로 네 번째인 이 행사는 명칭에서 알 수 있듯이 전 세계 신재생에너지업체들이 도시국가 아부다비에 총집결하여 한 해 동안 개발하고 상품화한 제품과 기술을 전시하는 행사다. 아부다비 도심은 행사 두 달 전부터 대회를 알리는 현수막과 대회기가 나부끼고 있어서 이 대회의 중요성을 잘 알 수 있었다.

세계를 품어가는 ADIA가 개발하고 투자해서 미래를 알차게 준비하는 현주소를 보여준다는 면에서 이 대회는 단연 으뜸이다. 그 이유는 ADIA가 세계 최초의 탄소제로도시 마스다르(Masdar)를 구축하기 시작한 2008년부터 이 대회가 열렸고 2016년 완공까지 앞으로 5년의 시간이 더 걸리는 프로젝트이기 때문만은 아니다.

이 대회의 현수막과 대회기가 나부끼는 아부다비 도심에서 20km떨어진 곳에서 건설 중인 총면적 6km^2 규모의 신도시 프로젝트는 신재생에너지의 필요성이 요구되는 경제적 측면의 모델을 스스로 연출하고 수익창출에 전력을 다하는 모습을 단적으로 보여주는 예가 아닌가 싶다. 여기에 소요되는 금액은 220억 달러(25조 3,000억 원)에 달한다. 세계를 품어가는 ADIA의 미래와 수익 창출 행보에 저절로 머리가 숙여지는 대목이다.

최초 · 최고 · 최대

눈에 보이는 것만 믿고 눈에 보이는 것에만 주머니를 여는 아라비아인의 사고는 아직도 유효하다. 그것은 그들의 역사와 생각이 그렇고 동시에 그들의 상업문화가 그렇게 움직이기 때문이다. 따라서 모든 비즈니스 문화(또는 비즈니스 상행위)를 이해하는 첩경에는 곧 최초와 최고, 그리고 최대만이 득세한다. 그 자체만이 전술적 가치를 지닌다. 이게 그 유명한 아라비아 상인의 경제철학이다.

석유가 나오기 이전에 외세에 의해 너무나 많은 기만을 겪으며 다져진 결과, 아라비아 만(灣)을 끼고 있는 GCC 권역 6개국에 뿌리 깊게 드리운 아라비아 비즈니스 상행위의 결정판이 형성되었다. 결국 세계를 품어가는 ADIA의 투자전략과 수익확보는 여기에서도 빛이 난다. 우리는 또한 그러한 전략이 한 치의 벗어남이 없이 그대로 적용되고 있음을 인지해야 한다.

ADIA = Masdar

이 등식의 진실과 진가는 전 세계 매체에서 이미 낯익은 공식 되었고 이제 최상의 수익 모델이 되고 있다. 수익 모델의 진수라고 봐도 무방할 정도다. 6,270억 달러 규모의 세계 최대의 국부펀드를 운영하고 있는 ADIA는 220억 달러라는 천문학적인 자금과 인력을 동원하여 전 세계 신재생에너지 기업을 상대로 좌판(坐板)을 벌여서 수익원을 찾고 투자자를 물색하고 있다.

기후변화 대응과 이산화탄소 감축, 지구온난화 방지에 필요한 전 세계적 어젠다로 인해 그린 에너지사업은 미래가 보장된 산업으로 평가받고 있다. 신성장 동력으로 떠오르고 있는 것이다. 이를 위해 ADIA는 올해로 4년 전부터 녹색 좌판을 벌렸고 이를 통해 검증을 받은 세계적 그린 기업을 투자처로 선정해서 자금과 기술을 유통하고 있다. 그 실체가 바로 탄소제로시티인 마스다르다.

이 등식은 ADIA가 뭉칫돈을 운용하는 선수답게 4년 전부터 벽돌을 쌓듯 착실하고 알차게 꾸려가고 있다는 사실을 보여준다. 돈의 위력을 믿고 이를 활용해 ADIA는 'ADIA = Masdar'라는 공식대로 국제기구본부까지 유치하는 기민성을 발휘했다.

세계적인 에너지기구로는 IEA(International Energy Agency, 국

제에너지기구)와 IAEA(International Atomic Energy Agency, 국제원자력기구)를 꼽을 수 있다. 여기에 중동지역 아부다비는 세계 3대 에너지 기구로 지칭되는 IRENA(International Renewable Energy Agence, 재생에너지기구) 본부를 유치하는 데 성공했다. 변변한 국제기구 본부하나 제대로 유치하지 못한 우리와 단순 비교해도 180만 인구의 도시국가 아부다비가 ADIA의 뭉칫돈 운용을 등에 업고 재생에너지기구 본부를 유치한 저력은 우리를 놀라게 한다.

천연자원 빈국인 한국이 얻어내지 못한 일을 산유국 아부다비가 유치한 점은 더 각별한 교훈으로 다가온다. 고유가 문제와 에너지 문제와는 거리가 먼 이들이 21세기 달러박스 신재생에너지 산업의 국제기구 본부까지 유치해서 이를 기반으로 투자자 물색에 나서는 전략이야말로 무릎을 치기에 충분하다.

마스다르는 지난해 KOTRA와의 MOU를 통해 66만m^2의 입주 면적을 할애했다. 유치기업 1,500개 가운데 150개 한국기업의 입주를 희망했다. 이명박 정부가 추진하고 있는 '저탄소 녹색성장'의 극대화를 위해서는 뭉칫돈 투자가 선행되어야 그 결실을 볼 수 있다. 여기에 따른 뭉칫돈은 투자기간이 길고 명분론에서 강한 국부펀드의 운용이 제격이라는 점을 일찍 간파한 ADIA의 투자전략과 맞아떨어질 수 있다는 판단도 일정 부분 작용했을 것이다. 서로가 덕이 되고 이익이 나는 윈윈전략이 가미된 것으로 판단된다.

이러한 분위기는 사흘 동안 열린 이번 전시장에서 그대로 드러났고 세계적인 녹색성장 관련 기업들이 참가해 각축장을 방불케 했다. 녹색성장산업인 풍력부문에서 세계 최고의 기업인 베스타스를 비롯하여 중동지역에 강한 지멘스(Siemens)와 금융업계 거인 HSBC 등이 참가했다.

녹색성장을 주목한 HSBC

세계 유명 은행들이 글로벌 금융위기를 겪으면서 큰 타격을 입었다. 하지만 영국에 본사를 두고 88개국에서 30만 명이 넘는 직원이 일하고 있는 은행인 HSBC는 정부로부터 구제 금융을 받지 않는 등 건실한 모습을 보여 다시 주목을 받았다.

스티븐 그린 회장이 이끌고 있는 이 국제적인 은행이 녹색성장산업에 주목하여 미래를 다시 꾸려가고 있다. 2008년부터 HSBC 본사에는 기후변화센터라는 부서를 신설해서 마스다르처럼 수익과 미래를 함께 챙기고 있다. 기후변화센터 발족은 향후 녹색성장산업의 미래가 얼마나 중요하고 큰 시장으로 발전함을 읽게 한다. 우선 이 은행의 환경보고서 서두에 나온 출사표를 함께 읽어보자.

'우리는 기후변화에 대비하는 각국의 대응전략을 분석하고 비즈니스 환경 변화를 예상한다. 이를 우리 고객에게 제공하여 그들과의 협력 체제를 강화할 것이다.'

최근 HSBC 기후변화센터는 '청정에너지 펀드'를 만들었고 이를 통해 3억 6,000만 달러 상당의 환경펀드를 조성해 운용중이다. '기후변화는 경영무대가 바뀌는 일이고 결국 새로운 무대에서 새로운 스타가 탄생될 수 있다'는 점을 강조해 말미를 그렇게 장식했다. 여기서도 ADIA가 세계미래에너지전시회를 통해 세계를 품고 가려는 모습을 볼 수 있다. 돈 냄새를 가장 잘 맡을 수 있는 은행, 세계적인 은행 HSBC을 스폰서로 삼고 있는 ADIA의 행보가 주목된다.

3

Centre of Excellent in Building

세계를 품고 가는 ADIA가 꼭 초대해야 할 기업은 독일의 지멘스다. 앞 장의 HSBC처럼 지멘스도 마스다르를 통한 아부다비의 미래 설계에 일등공신이기 때문이다. 단순히 비교하면 HSBC는 금융을 아이템으로 삼은 반면 지멘스는 기술과 제품으로 접근했다는 점이 다르다. 그러나 두 메이커는 파트너십 형성으로 윈—윈—윈 테크에 괄목할만한 성적표를 쌓고 있다는 것은 똑같다. 마스다르 구축비용 220억 달러를 투자하고 있는 ADIA는 두 파트너의 명성과 자금력, 그리고 제품력의 유혹을 뿌리치지 못할 것으로 예상된다.

전략적 파트너로의 지멘스

지난해 10월 지멘스는 마스다르시티 건설 1단계 기간 중 최신 건설기술을 결합한 혁신적인 스마트 그리드를 구축하는 데 필요한 업무협정을 체결했다. 지멘스가 구축할 스마트 그리드는 에너지 효율이 뛰어난 전력 솔루션의 일종이며 살아있는 실험실 격인 연구개발 플랫폼 역할을 수행하게 된다. 한국의 제주 스마트 그리드 실증단지에서 볼 수 있는 제품군과 비슷한 기술이다.

녹색성장산업의 강자 지멘스는 마스다르를 통해 ADIA를 업고 스마트 그리드 분야에서 세계 최고를 지향하는 것으로 해석된다. 우선 세 가지 측면에서 지멘스의 아부다비 러브콜을 분석했다.

첫째는 CCS(Carbon Capture and Storage, 이산화탄소 포집과 저장) 기술을 마스다르에 이전시키는 일이다. CCS 기술은 화석연료 발전소와 같은 자원에서 이산화탄소를 포집해 이를 이용한 원유를 증진회수(Enhanced Oil Recovery) 하거나 가스전과 같은 지형구조에 저장해 공기 중으로 탄소가 배출되는 것을 방지하는 기술이다. 둘째는 지멘스는 마스다르를 발판삼아 중동지역 지역본부를 신설하여 엑설런트 센터(Centre of Excellent in Building Technologies)를 개설하는 일이다. 마지막은 마스다르 연구소에서 진행 중인 연구개발에 공동 참여하는 일이다.

특히 엑설런트 센터의 경우는 지난해부터 현장에서 R&D 활동을 시작했다. 피터 로쉐(Peter Loscher) 지멘스 CEO는 “마스다르는 청정기술 부문을 개척하고 있는 세계적 선도 주자다. 이처럼 획기적인 프로젝트에 전략적 파트너로 함께하게 된 것에 자부심을 느낀다. 또한 이번 제휴는 지멘스와 아부다비 사이의 탄탄한 유대관계를 보여주는 케이스로 볼 수 있다”면서 “지금 중동지역은 노후된 전력선이 많아 개선 작업과 함께 스마트 그리드를 접목시키는 일은 곧 달러박스가 된다"고 강조했다.

술탄 알 자베르(Sultan Al Jaber) 마스다르 CEO는 여기에 화답하듯 "지멘스와 같은 리더 기업과 협력해 마스다르에 청정기술 및 R&D 허브를 만드는 것이 바로 마스다르가 추구하는 바다. 마스다르를 건설하는 가운데 우리는 끊임없이 기술 혁신을 도모할 길을 모색하고 있다"면서 "이는 지속가능한 도시개발을 의미하는 것일 뿐 아니라 활발한 R&D센터를 만들어 향후 아부다비를 기술개발 및 수출의 중심지로 육성할 계획이다"라고 언급했다.

이 두 사령탑의 멘트는 마스다르와 지멘스 양측 모두가 마스다르시티의 이 같은 비전을 공유하고 지지한다는 것으로 해석할 수 있다.

지멘스의 선견지명

독일 하르츠 산록 부근의 가난한 소작농가에서 태어난 베르네 지멘스(Wermer von Siemens)는 장학금을 받아 공부하기 위해 프러시아군의 포병장교로 입대했다. 그는 병기창에 근무하면서 전신기 개발에 몰두하다가 제대하여 1847년 지멘스를 창업하게 된다. 그 후 지멘스는 올해로 창업 역사 164년을 맞은 대표적인 독일 기업으로 성장했다.

현재 지멘스의 사업 분야는 정보와 통신 산업 시스템, 그리고 자동화 발전기기 등으로 나눌 수 있는 데 시대의 흐름에 따라 신재생에너지 부문까지 진출하여 독보적인 에너지 기술까지 보유하고 있다. 기업 역사는 그대로 흘러 결국 신재생에너지의 미래 주자인 스마트 그리드로 마스다르와 전략적 프레임워크를 구축한 지멘스는 환경 포트폴리오를 통해 지난 2009년 회계연도에 총 230억 유로가 넘는 매출을 올렸다. 이는 지멘스 전체 분기 매출의 1/4에 해당하는 규모다. 지멘스는 이를 바탕으로 마스다르 청정기술펀드 1, 2호(Masdar Clean Tech Fund Ⅰ/Ⅱ)에 주요 투자자로 참여했다. 더 많은 돈을 벌고 동시에 더 많은 기술을 판매하기 위해 선 투자에 이어 후 수익 구조방식을 택한 유형이다.

결국 지멘스는 세계 최고의 친환경 기술을 위한 인프라제공 기업으로 등극하고, 이를 통해 자신의 기업적 로망을 ADIA가 투자한 마스다르에서 꽃을 피우게 될 수 있을 것이다.

전 세계 친환경기업은 스마트 그리드에 올인

전 세계에 녹색바람이 불면서 스마트 그리드 구축 경쟁도 뜨겁게 달아오르고 있다. 스마트 그리드는 기존 전력망에 첨단 정보과학기술을 접목시켜 전력공급자와 소비자가 양방향으로 각종 정보를 교환해 에너지 효율을 최적화하는 시스템을 일컫는다. 유럽에서는 지멘스가 이 기술에 전력을 다하고 있다면 미국은 이미 스마트 그리드 시범도시 1호인 볼더 시(市)를 운영 중이다.

2008년 3월 볼더 시는 미국 전력 전문업체인 엑셀에너지와 함께 1만 5,000세대에 스마트 미터기를 무료로 설치했다. 볼더 시는 전기요금을 실시간제로 전환시켜 에너지 고효율 가정으로 만들고자, 스마트 미터기를 제공한 것으로 볼 수 있다.

한국 전력거래소는 제주도 구좌읍 행원리에 세워진 스마트 그리드센터에 전력 수급상황을 실시간 확인하는 스마트보드를 한국전력과 함께 설치해서 운영 중이다. 서울 삼성동에 있는 전국 전력 상황판을 그대로 옮긴 것이다. 이 초대형 화면에는 설비용량을 비롯하여 충전상황과 탄소배출 저감량 등이 표기되어 전력 에너지에 관한 종합운영 시스템으로 이용된다.

이명박 정부는 저탄소 녹색성장을 선도하기 위한 사업모델로 스마트 그리드를 선정했고 2009년 1월에는 세계 최초로 '스마트 그리드 국가 로드맵'을 마련했다.

2016년의 마스다르 스케치

2016년에 이르면 세계 최초의 탄소제로도시 아부다비 소재 마스다르시시티에 상주인구가 5만여 명에 이르고, 세계적인 친환경 기업 1,500개가 입주할 예정이다. 마스다르 청정기술 펀드 1, 2호 가입한 지멘스의 2,000명에 이르는 직원도 일하게 된다.

지멘스는 이를 위해 2만 5,000m^2 규모의 부지를 확보했다. 이를 통해 우선 1단계 공사가 끝나는 2013년까지 지멘스는 스마트 빌딩 연구를 위한 엑설런트 센터와 고객 지향 리더십 개발용 컨퍼런스 센터 등을 포함한 주요 시설을 설치한다. 최근 지멘스는 마스다르를 통해 ADIA가 요구하는 수준으로 아부다비 지식경제발전을 위한 기금과 장학금, 그리고 교육 프로그램 지원을 자청하고 나섰다.

결국 세계를 품어가는 ADIA는 유럽연합(EU)의 중심국가 독일이 자랑하는 기업 지멘스까지 아우르고 있음이 밝혀졌다.

4

New North

2030년 1월 1일. 이 날은 도시국가 아부다비가 미래비전으로 내건 '아부다비 경제계획 2030'의 완성을 목전에 둔 첫 해 첫 날이다. 아부다비를 대표하는 언론매체 <더 내셔널(The National)>은 기념비적인 신년 새해의 헤드라인을 이렇게 장식한다.

'세계를 품었던 아부다비가 북극에서 글로벌 녹색도시를 열다.'

올해부터 19년 이후에 벌어질 일의 가상 스케치다. 이것 역시 세계를 등에 업은 ADIA가 국부펀드를 운용해서 북극에 글로벌 녹색도시를 구축해 이를 전 세계에게 공포하는 역사적 미래상을 예상한 대목이다. 곁들인 사진은 넓은 북극해를 배경으로 수많은 풍력발전기가 한 폭의 그림처럼 날갯짓을 하고 있는데, 북극이 아니라 대서양을 끼고 있는 유럽의 한 바닷가 도시로 착각에 빠질 법도 하다.

2030년의 북극

ADIA 내부기관 펀드매니저 피터 브라운이 안내한 접견실에 걸려 있는 세 장의 그림 가운데 하나였던 북극해 항로 사진을 기억해보자. 세계를 품었던 ADIA가 아라비아 해를 바라보는 것에 만족하지 않고 북극해까지 진출하여 대 로망을 완성시킨 2030년 북극의 모습은 어떤 것일까. 예컨대 시베리아 북부 툰드라 동토(凍土) 위에는 봄을 품은 도시들이 세계 관광객들을 맞이하고 있다. 세계 각국 관광선들이 성지(聖地)를 순례하듯 이어지는 행렬을 보며 북극의 발전을 실감할 것이다.

이 지역은 자원공급의 전초기지이자 글로벌 그린허브로 떠오르고 있어서 세계를 품어가는 ADIA가 뭉칫돈 조성에 힘을 얻어 수년전부터 '녹는 북극'에 동참을 꿈꾸고 있다. 이는 로런스 스미스 캘리포니아주립대학(UCLA) 교수가 펴낸 『2050년 세계』에서 소개된 새로운 북부(New North)에 소개된 내용과 일치한다. 스미스 교수는 북극 지방의 발전과 뭉칫돈의 위력을 다섯 가지로 구분해서 정리한 바 있다. 그것은 지구촌 인구 증가와 이민의 자유로움, 천연자원 수요의 해결과 글로벌화의 대응, 그리고 기후변화 등을 꼽았다.

ADIA가 북극에 주목한 이유는 지구온난화에 따른 변화다. 점점 세계 인구는 늘고 자원수요는 높아지는데 적도 부근은 물 부족과 홍수, 기근 같은 각종 재해에 시달리고 있기 때문에 '미래 설계'를 알차게 구성하기 위한 조치로서 북극을 택한 것으로 이해할 수 있다.

물론 북극 쪽은 온화해지면서 개발하기가 상대적으로 쉬워지고 있기에 그렇다. 이미 북극지역은 부존자원(賦存資源)의 잠재적 가치가 확인되면서 국제적 관심사로 떠올랐고 ADIA 역시 석유시추에서 사용했던 각종 장비와 기술의 이전이 용이한 이점을 버리기가 아까웠을 것이다.

글로벌 그린허브 발전기지

2010년 ADIA는 마스다르 구축 일환으로 저탄소 녹색성장의 표본을 제시할 세계 최대 규모의 태양열발전소 건설에 착수한 바 있다. ADIA의 뭉칫돈으로 설립한 아부다비 미래에너지공사는 프랑스 석유회사 토탈과 스페인 태양에너지 기업 아벤고아와 공동으로 컨소시엄을 구성해 세계 최대이자 중동지역 최초의 태양열발전소 건설에 착수했다. 삼스(Shams, 아랍어로 태양이라는 뜻) 1호로 불리는 이 발전소는 아부다비 남서쪽 마디나 자예드의 2.5km^2 부지에 세워진다. 발전용량은 100MW다. 소요경비는 6억 달러로 완공목표는 2012년 10월이다.

술탄 알 자베르 마스다르 CEO는 "이 발전소 건설로 매년 17만 톤의 이산화탄소 감축효과를 볼 수 있다"라고 밝혔다. 마스다르 측은 "이번 태양열발전소 건설은 2020년까지 전체 에너지 중 재생에너지 비율을 7%까지 끌어올리려는 아부다비 정부의 첫 조치임과 동시에 ADIA와의 합작품이다"이며 "앞으로 2호와 3호 발전소를 추가로 건설할 것이다"라고 강조했다. 이 언급은 곧 IRENA(International Renewable Energy Agency, 국제재생에너지기구) 본부가 있는 아부다비다운 정책 결정이라 할 수 있다.

영국 북해 풍력발전소의 벤치마킹

오는 2030년 세계를 품어가는 ADIA가 북극에 구축할 글로벌 그린허브는 아부다비 남서쪽 마디나 자예드에 세우고 있는 태양열 발전소 대신 풍력발전소가 제격일 수 있다. 그 이유는 2010년 9월 크리스 휸(Chris Huhne) 영국 에너지기후변화 장관이 준공식 테이프를 잘랐던 영국 북해의 세계 최대 해상 풍력발전소를 그대로 옮기면 된다.

영국 동남부 연안에서 12km 떨어진 해상에 세워진 풍력발전단지는 35km^{2}의 면적에 높이 115m의 발전용 터빈 100기가 설치되어 20만 가구에 공급할 수 있는 전기를 생산한다. 이 발전소에는 2005년까지 241기의 풍력발전기가 추가 설치되어 총 300MW의 전력을 생산할 계획도 가지고 있다.

이를 지켜본 ADIA는 영국 북해 풍력발전소를 그대로 북극해에 설치해 운영하는 일을 고려중이라고 한다. 세계를 품어가는 ADIA에게는 세계 풍력발전소 최대 메이커 독일 베스타스와 노르웨이를 함께 아우르면 결정적 계기 마련이 가능해진다. 뭉칫돈 국부펀드 운용이 이를 가능하게 만드는 데 필요한 예산에 부족함이 없을 터다. 동시에 마스다르를 구축하고 있는 ADIA 입장에서 보아도 북극해를 기반으로 글로벌 녹색도시 완성은 절대적 가치를 지닐 수 있다. 이러한 미래 전망을 기사화하려는 아부다비 언론매체 <더 내셔널>에게도 특종기사가 될 것이다.

Chapter 8

우리가 ADIA를 좋아해야 할 이유

1

걸프펀드의 반란

세계의 뭉칫돈이 암중모색을 시도하고 있다. 마땅한 투자처를 찾지 못한 국부펀드들이 글로벌 금융위기를 거치면서 새로운 진로 모색을 향해 본격적인 머니게임에 임하기 시작했다. 그동안 고유가 진행으로 풍부해진 오일머니를 등에 업은 걸프펀드들의 변신은 금융공학을 포기하면서 시작되었다. 백약이 무효하다고 할 정도로 세계의 국부펀드는 미국발 금융위기를 거치면서 너나없이 수익계정보다는 손실계정으로 실적을 마무리했다.

앞에서 여러 차례 제시했듯이 '서구 공세'와 '운용 미숙'이라는 두 가지 약점을 벗어버리고 국부펀드 본연의 뭉칫돈 운용에 전력을 다하기 시작했다. 금융위기가 찾아온 지 3년이 지났지만 올해의 세계 경기도 아직은 평년수준에 미치지 못하고 있다. 때문에 서투른 예단은 허락하지 않겠지만 서서히 긴 동면에서 깨어나고 있음은 분명하다.

올해를 기점으로 세계 국부펀드 역사는 이제 4기에 접어들고 있다. 다시 반복해 말하지만 세계 국부펀드의 역사를 되짚어 보면, 1기 태동기는 1974년 싱가포르 테마섹의 출범으로 시작된다. (KIA가 발족한 1953년은 예외로 친다면) 2기 진입기는 걸프펀드로 대표되는 ADIA와 SAGIA(Saudi Arabian General Investment Authority, 사우디아라비아투자청) 등이 발족한 시기에 해당된다. 3기 개화기는 2008년 9월 미국발 금융위기와 맞물려 모든 영업을 접고 산티아고 원칙에 합의대로 모든 베일을 벗어야겠다는 공감대 형성의 시기다. 지금과 같은 4기 성장기는 걸프펀드의 반란이 예사롭지 않게 진행되고 또 진화가 가시화되는 2011년을 원년으로 기록될 공산이 커지고 있다.

그러나 성장기 초입에 해당하는 지난해 7월 중국농업은행 기업공개(IPO)를 통해 전 세계 금융계는 걸프펀드의 반란에 경악했다. 한마디로 '걸프펀드는 다르다'를 실감시킨 사실이 있었기 때문에 올해를 4기 성장기로 구분해야 한다.

이 사실을 정리해보면 우리가 ADIA를 주목해야 하는 이유를 실감하게 된다. 또 가시적으로 조명하고 확대해보면 자연스럽게 우리가 ADIA에게 러브콜을 보내야 하는 명분론과 수익구조론을 함께 접할 수 있다.

세계 최대 규모의 기업공개

제 1부의 3장 '국부펀드 공격모드'에서 소개하였듯이 2010년 7

월 중국농업은행은 기업공개를 통해 221억 달러(약 24조 3,100억 원)에 달하는 천문학적인 금액을 끌어들였다. 이는 2007년 중국 공상은행(ICBC)이 세운 기록 219억 달러를 넘어서는 규모다. 이러한 기록갱신은 걸프펀드에 대한 호응과 참여로 이루어진 결과이기에 '역시 걸프펀드는 다르다'를 여실히 증명했다. 이쯤 되면 걸프펀드의 반란에 관한 객관성 확보가 가능해진다. 강한 시그널로 보아도 된다. 따라서 이번 기업공개는 중국의 성장에 대한 전 세계 투자자들의 주목을 넘어 신뢰를 확보한 계기가 되었다.

특히 규모도 규모이지만 상장 시점이 썩 좋지 않았을 뿐 아니라 유럽발 금융시장이 흔들렸고 미국 경기마저 여의치 않았기에 최근 대형기업공개가 줄줄이 취소된 시점이었다. 이런 상황에서도 걸프펀드는 이들의 기업공개에 대거 몰린 것이다. 예를 들면 QIA가 28억 달러를 비롯하여 KIA은 8억 달러와 ADIA 2억 달러 등 대부분 걸프펀드의 가세가 두드러졌다.

전술적 투자전략 = 걸프펀드 + ADIA

중국 농업은행은 자산 규모로 중국 공상은행과 건설은행에 이어 중국 3위 상업은행이다. 지점 수와 고객 확보 면에서는 1위다. 2만 4,000개의 지점과 3억 2,000만 명의 고객을 유치하고 있다. 이 거대 은행에게 투자하는 데 일등공신인 걸프펀드의 투자전략에 대해 파이낸셜타임스는 이렇게 정리했다.

"국제 금융시장이 출렁이는 상황에서도 중국 정부가 막대한 주식을 팔 수 있었다는 것은 세계 경제의 주도권이 신흥시장으로 넘어가고 있다는 것을 보여준 셈이다. 서구의 은행과 다르게 투자자들이 중국 농업은행의 미래를 낙관적으로 보고 있다는 방증일 수 있다."

그러나 중동지역 언론매체의 의견은 이를 보이지 않는 전술적 측면으로 이해하고 있다. 중동에서 발행하는 걸프뉴스는 "중국 농업은행은 상하이 증시와 홍콩 증시를 이용해서 함께 기업공개 실시라는 카드를 활용한 점이 돋보였다"고 밝혔다.

마땅한 투자처를 찾지 못한 걸프펀드들이 중국 농업은행 기업공개에 가세하면서 세계 최대 국부펀드를 운용하는 ADIA의 외부기관이 동원되었다는 것은 곧 국부펀드의 몸 풀기의 신호로 보인다. 이름 하여 플러스 효과였다.

전술적 투자전략 = 걸프펀드 - ADIA

지난해 10월 제17차 중국 공산당 중앙의원회 제5차 전체회의(17기 5중전회)에서 새로운 경제 전략 키워드로 '5대 견지'가 선정됐다. 5중전회 결과보고서에 기록된 5대 견지란 경제구조 전략적 조정을 비롯하여 과학기술 진보와 혁신, 민생보장 개선과 친환경 건설, 그리고 개혁과 개방 지속 등 5가지 방침을 견지한다는 것을 뜻한다.

또 중국 공산당은 기존의 '투자 · 소비 · 수출'이던 경제성장 견인차 순서를 '소비 · 투자 · 수출'로 바꾸었다. 걸프펀드의 입장에서 해석하면 중국의 '5대 견지'에서 소비와 투자에 관한 기대치에 더 후한 점수를 주었음을 알 수 있다. 이러한 객관적 관점을 다시 분석한 ADIA는 '미투' 전략에 강한 중동지역 국가들과는 다른 패턴으로 접근해서 중국의 5대 견지 가운데 소비위주, 이를테면 향후 중국은 수출 주도형 성장에서 벗어나 내주 위주로 방식을 바꾸려는 정책적 결정을 높이 샀다. 이름 하여 마이너스 점수다.

우리도 미국의 신용등급을 매길 것이다

걸프펀드 반란의 백미는 세계 경제에서 신용등급을 매기는 기관은 미국과 영국이 주도하고 있다는 점을 지적한 것이다. 그동안 국제금융시장에서 국가 · 기업 등에 대한 신용등급은 무디스를 비롯하여 S&P와 피치 등 미국 신용평가사 발표에 의해 결정됐다. 이 때문에 중국과 걸프펀드는 이들에게 홀대를 받아 왔던 것도 사실이고, 걸프펀드들도 불만이 없었던 것은 아니었다. 그러나 2조 5,000억 달러에 달하는 세계 최대 외환보유국인 중국이 여기에서도 제 목소리를 내기 시작했다.

최근 중국의 신용평가사인 다궁(大公) 국제신용평가는 신용평가 보고서에서 1위 노르웨이, 2위 덴마크, 10위 중국, 13위 미국, 14위 한국, 15위 일본 등으로 순위를 매겼다.

구안젠중 다궁신용평가사 회장은 "현재 서구 위주 신용평가등급은 글로벌 금융위기와 유럽 경제위기 와중에 비난을 받았고 그릇된 정보를 제공하고 있다"면서 "변화하는 경제상황을 제대로 반영하지 못하고 있다"라고 주장했다.

결국 우리가 ADIA를 주목해야 할 첫 번째 이유는 중국의 목소리가 세계 금융업계에도 확대되고 있기에, 여기에 대한 알파 얻기의 필요성이 갈수록 높아지고 있다는 것에서 비롯된다. 특히 ADIA가 '주식회사 중국의 국부펀드'를 등에 업고 함께 국부펀드 운용에 선전하는 모습을 보며, 4기 성장기에 접어든 국부펀드의 새로운 조류로서 더 많은 기회와 운용의 묘를 기대하게 만든다.

2

GCC의 몸통은 ADIA이다

아무리 평가절하 해도 오일머니의 매력과 파장은 국부펀드 운용자에게는 항상 관심의 중앙에 있다. 여기에 3조 달러에 달하는 이슬람금융의 폭과 깊이는 항상 같은 궤도를 밟고 있기 때문에 이를 정리해 보면 그 위력은 우리의 상상을 초월한다. 따라서 이들의 움직임과 투자패턴은 실시간으로 세계 언론매체에 노출된다.

산티아고 원칙 합의에 의해 비밀주의에서 베일을 벗는 일이 매우 어려운 일이었다는 점을 돌이켜보면 뭉칫돈 운용은 결코 쉬운 일이 아니라는 걸 짐작할 수 있다. 비밀주의가 결국 투자처의 중복과 리스크 발생을 가중시키는 결과로 이어진 경험에 따라, 공개는 더 큰 리스크를 감소시킬 수 있는 운용의 변화를 가져왔고 이는 감사해야할 일이다.

세계 최대 국부펀드 운용사인 ADIA가 함께 참여한 GCC 권역에서 운용되는 뭉칫돈이 바로 걸프펀드의 실상이자 현주소이다. 우선 포스트 오일머니를 생각해야 하는 GCC는 국부펀드 운용으로 국부를 쌓아 각종 사회적 인프라를 구축하면서 동시에 자국의 부를 유지시키는 기둥으로 삼았다. 실제로 국부펀드 운용의 명분은 국채와 증권 등 금융상품 투자를 비롯하여 해외 에너지자원 확보와 전력과 항만 등 인프라 투자 등이고, 걸프펀드 역시 이 세 가지 투자 패턴에 따라 오늘과 같은 국부를 완성했다.

하지만 이러한 완성에 만족하기도 전에 주식회사 중국의 국부펀드가 등장함에 따라 세계 국부펀드 시장은 다시 요동치기 시작했다. 때문에 걸프펀드는 이번 글로벌 금융위기를 겪으면서 새로운 투자패턴과 새로운 투자처 물색이 절실해졌다. 결론부터 말하자면 전 세계는 돈이 넘쳐나고 있다. 이 꼬리표가 없는 돈이 전 세계를 돌면서 엄청난 유동성 문제를 야기하고 있다.

이 돈은 대강 세 가지로 구분할 수 있다. 하나는 조세회피지역의 핫머니이다. 다른 하나는 선진국 중심의 투자자금이다. 또 다른 하나는 세계의 국부펀드이다. 여기서 세계 국부펀드는 단기성 자금이라기보다는 장기성 뭉칫돈이기 때문에 산업성이 더 짙다. 바로 이 점이 우리가 ADIA에 주목해야 할 두 번째 이유다.

돈의 홍수와 유동성 관계 설정

현장 1

2008년 9월 미국발 리먼브라더스 파산과 함께 발생한 글로벌 금융위기 와중에 외국은행의 국내지점의 단기외채는 939억 3,00

만 달러(잔액기준)였다. 하지만 한국이 이 와중에 휩쓸리자 외국 지점들은 일제히 돈을 뺐다. 그해 2008년 12월 30일 단기외채는 총 678억 달러로 석 달 만에 261억 3,000만 달러가 빠져나갔다. 그 기간 한국은 또 외환위기 이후 10년 만에 금융시장의 대혼란을 겪었다.

현장 2

2010년 10월 현재 외국인의 상장주식 보유금액은 335조 8,000억 원으로 전체 시가총액의 29.7%를 차지하고 있다. 외국인의 매수세에 힘입어 코스피 지수는 2007년 12월 27일 이후 처음으로 2000고지에 안착했다. 외국인의 채권 보유금액도 74조 6,229억 원으로 전체 상장 채권 잔액의 6.7%를 기록했다. 외국인은 2009년 3월부터 2010년 12월까지 22개월째 매수세를 이어갔다.

여기서 현장 1과 현장 2는 한국의 경제전문지에서 발췌한 내용을 그대로 옮긴 것이다. 글로벌 금융위기 이전과 이후에 유동성의 향방이 그렇게 달라짐을 알 수 있다. 문제는 외국 자본이 금융위기 때 급격히 빠져나갈 경우다. 이 기사는 이 같은 핫머니(단기자금)을 규제하고 외환시장의 안전성을 도모하기 위해 유동성 방화벽이 필요하다는 사실을 주지시키는 현장 스케치이기도 하다.

대안으로 떠오르는 국부펀드

앞에서 제시한 외환의 유동성 문제는 어제 오늘의 일이 아니다. 변동성은 항상 존재해왔다. 그렇다면 장기적인 외환 투자자금으로서 대안은 국부펀드, 특히 걸프펀드와의 윈윈전략에 따른 뭉칫돈의 도입이라는 것이 확실해진다. 하지만 한국은 걸프펀드의 도입이 법적인 규제 때문에 자유롭지 못하다. 2011년 1월 현재 국회에서 계류 중인 주요 금융법안의 처리가 늦어지는 점이 그렇다.

하지만 많은 우여곡절을 겪으면서 2010년 12월 7일 국회 기획재정위원회 산하 조세 노위를 통과하여 본원 통과가 초읽기에 들어갔다. 이제는 G20 의장국다운 자세로 글로벌 머니와의 윈윈을 생각하고 동시에 뭉칫돈 운용을 극대화해야 한다. 이명박 정부가 국내외에 천명한 '저탄소 녹색성장'을 완수하기 위해서는 뭉칫돈이 한국 산업계와 기업에게 고르게 투자되어야 한다. 때문에 대안으로 ADIA와 같은 걸프펀드의 운용이야말로 시의적절하고 미래지향적인 선택이 될 것이다.

다른 시각과의 회우

스케치 1

2010년 10월 20일. 장소는 한국 국회 정기 국감회장.

기획재정위원회 소속 강길부 의원(울산 · 울주 출신)은 윤증현 기재부 장관을 상대로 늦어지고 있는 이슬람금융지원법에 관해 질의했다. 이 법안의 조속한 처리를 위해 한국 정부는 노력중이지만 더 크게는 국회의원 여러분의 협조가 있어야 되겠다고 당부의 말을 잊지 않았다.

스케치 2

2010년 10월 27일. 장소는 아부다비.

목적은 이슬람 머니의 투자유치포럼 개최.

정부 관계자는 보도자료를 통해 투자포럼 섹션을 두 개로 나눠서 진행했다. 물론 ADIA 측도 참석했다. 투자유치포럼을 통해 향후 한국의 기술력과 아부다비 자본을 결합해 세계시장을 함께 나아가는 단초를 마련하게 되었다. 지식경제부 고급 관리는 UAE의 주요 국부펀드들에 한국이 강점을 가진 원전 · 플랜트 · SOC 분야를 중심으로 한국이 프로젝트를 수주하면 UAE는 자금조달을 맡아 수익을 공유하는 방안을 제시했다.

우리가 ADIA와 같은 걸프펀드에 주목해야 할 이유는 걸프펀드와의 윈윈하기 위해서다. 그게 가능하다는 시그널이 오고가고 있다. 그 가능성이 가시권에 접어들었다. 우선 현장 1과 2, 스케치 1과 2를 함께 교집합해보면 모범 답안을 도출할 수 있다. 이제 한국은 그들에게 변방(邊方)이 아니다.

이제 한국은 G20 의장국으로서 한국 경제의 기적을 만방에 소리쳐도 된다. 그들의 뭉칫돈이 운용되게끔 법과 제도적 뒷받침이 이를 허용했다. 그러나 현실은 어떤가. 관련 법규의 미비로 걸프 펀드 기금과 이슬람 머니의 직수입은 요원한 상태다.

코리아 배싱

하지만 원전 수주 이후 코리아 배싱(Korea Bashing)이 서서히 고개를 들고 있다. '넘버 원 코리아'가 '뻔뻔한 코리라'로 감등되고 있다. 특히 아부다비 원전 이후 사르코치 프랑스 대통령은 '원전 안정성에 순위를 매기자'로 불편한 심기를 드러내고 있다.

쏟아지던 찬사가 이제 '한국 때리기'로 변질되고 확대되는 추세를 또 어떻게 표현해야 할까. 어떻게 대응해야 하는가. 최우선적으로는 GCC 권역만이라도 코리아 배싱에서 배제하도록 현지 언론의 협조를 구하는 것이 급선무일 것이다. 물론 한국 국회에 계류 중인 이슬람금융지원법의 조속한 처리도 병행해서 말이다.

3
고리에서 실라까지

'걸프펀드는 숲, ADIA는 나무'라는 관계에서 '만약에'라는 접두사가 없었다면 내용 전개는 매끈함과 거리가 멀 수 있다. 아예 성립 그 자체가 어려운 경우도 배제하기 어렵다. 이를테면 '만약에 걸프펀드에서 석유가 없었다면'이라든가 '만약에 도시국가 아부다비가 한국을 원전 수주의 파트너로 선정하지 않았다면' 등이다. 그래서 접두사 '만약에'는 우리가 ADIA를 좋아야 할 세 번째 이유로서 동기부여와 달러박스의 동의어로 다가오고 있다.

감격하는 두 대통령과 팰리스호텔의 기자 회견

우선 지난 2009년 12월 26일 오후 4시(현지시간), 아부다비 에미리트 팰리스호텔 프레스센터를 기억해보자. 이명박 대통령은 내외신과 회견을 갖고 "이제 한국이 원전 수출국으로서 앞으로 해외

시장에 진출하는 데 미국, 일본, 프랑스, 러시아, 캐나다와 어깨를 나란히 할 수 있게 되었다"고 감격해 했다. 이명박 대통령은 칼리파 빈 자예드 알 나흐얀(HH President Sheikh Khalifa bin Zayed Al Nahyan) UAE 대통령이자 아부다비 국왕과 이 호텔에서 정상회담을 갖고 400억 달러 규모의 원전 수주를 확정지었다. 정상회담 직후에는 양국 정상이 지켜보는 앞에서 한국전력과 UAE원자력공사(ENEC)의 최종 계약서 서명이 이어졌다.

이번 쾌거는 1978년 미국 기술로 고리원전을 처음 가동한 후 30년 만에 한국의 첫 원전을 수출했다는 점에서 더욱 기쁜 일이다. 설계에서 시공에 이르는 건설부문에 200억 달러와 기기 운영과 연료 공급 등 유지보수 200억 달러로서 한국 플랜트산업 사상 최대 규모의 수출 프로젝트가 성사되었다. 오는 2017년에 이르면 한국 원자력의 역사는 고리에서 시작해 아부다비 도심에서 330km 떨어진 실라에 가동될 APR1400형 원전발전소로 이어질 것이다.

원전 수주의 의미

원래 원전은 2기 단위로 계약이 이루어진다. 만약에 가동 중인 1호기가 고장으로 기계가 멈추면 곧바로 2호기에서 대신 발전시켜야 하는 기술적 메커니즘 때문이다. 그래서 1기당 국제가격이 50억 달러(5조 5,000억 원)라면 원전 수주는 곧 100억 달러 해외 플랜트를 이루는 일이고 동시에 6년의 건설공사 기간과 60년의 기기 운영 등으로 그 부가가치 또한 막대하다. 이제 아부다비를 거쳐 말레이시아와 멕시코 등에도 수주 상담이 계속되고 있다. 실제로 원전 2기 수주는 30만 톤급 초대형 유조선 40척이나 소나타 승용차 32만 대 수출과 맞먹는 효과가 있다.

윈—윈—윈 테크로 가는 길

문제는 뭉칫돈 운용이다. 원전 수주에서 프랑스와 일본, 미국, 러시아와의 경쟁이 시간이 갈수록 심해지고 있다 해도 통산 100억 달러(11조 원)라는 천문학적인 건설비용이 소요하게 되어 있다.

이미 요르단에서의 원전 수주가 매끈하지 못한 사례가 이를 반증한다. 때문에 자원빈국 한국이 향후 10년의 먹을거리로서 원전 수주는 윈—윈—윈 테크(한국+ADIA+뭉칫돈의 조합기술)가 우선되어야만 그 성과는 배가된다.

부가가치의 극대화

울산시 울주군 서생면 신고리에는 항상 외국인 관광객들로 북적거린다. 아부다비 실라에 세워질 APR1400이 실제로 건설 중이기 때문이다. 신고리 3 · 4호가 그 모델이다. 이를 보기 위해 전 세계 각국의 원전 관계자와 수많은 국내외 방문객이 줄을 잇는다.

동해안의 해안선을 끼고 건설 중인 이 원전은 지난 한 해 동안 원전 관계자만도 13개국에서 1,300명이 방문하는 기록을 세웠다. 아부다비가 2010년 12월 에티하드항공을 인천직항 편으로 투입한 후로는 한국의 원전 모델을 보기 위해 180만 명을 관광객으로 흡수하는 일이 더 쉬워졌다.

두 번째 부가가치 극대화는 동해에 UAE산 원유의 동북아 물류기지 건설 상담을 들 수 있다. 석유공사에 따르면 이 기지는 석유 1,000만 배럴을 보관할 수 있는 비축규모를 자랑한다. 1,000만 배럴이면 50만 배럴이 들어간다는 서울 장충체육관 20개를 가득 채울 수 있다.

2010년을 기준해 하루 석유사용량이 213만 배럴인 점을 감안하면 5일분에 지나지 않는다. 세계에서 가장 빠르게 석유 사용량이 늘고 있는 동북아에서 갑작스럽게 수요가 늘 경우 거리가 먼 중동지역에서 실어오기 앞서 한국 동해에 보관중인 물량을 풀겠다는 의중이다. 이는 ADIA와 윈윈을 고려하는 일이다. 석유공사는 지금도 국가비축기지 가운데 3,860만 배럴 규모의 공간을 노르웨이와 쿠웨이트 등 산유국이나 석유 메이저 기업에게 빌려주고 있다.

세 번째 부가가치 극대화는 걸프펀드를 운용하는 GCC 권역 6개국에 원전 관련 커리큘럼을 개발하여 교육시키는 일이다. 인재양성 프로그램이야말로 중동지역 국가들에게 시급을 다투는 아이템이다. 동시에 이들은 향후 친(親)한국을 대변하는 인사로서 등극까지 기대할 수 있다. 예를 들면 스마트 원전을 교재로 만들어 판매 · 교육 · 수출하는 등 '원 소스 멀티 유즈' 개념을 동원하다면 금상첨화가 아닐 수 없다.

아부다비에 있는 UAE 국기게양대

여담이지만 나도 이 일에 전력을 다하고 있다. 실제로 나의 졸저(拙著) <그린 에너지 원자력>의 알파더하기 편에다 이미 녹아냈다.

네 번째 부가가치 극대화는 한국 녹색성장산업을 걸프펀드 운용국가마다 제시하고 교육시켜나가는 과정을 밟아간다면 오일머니 환류(還流) 방안으로서 좋은 대안이 된다. 뭉칫돈의 위력만이 가능한 제시 방안일 것이다. 실제로 녹색성장산업은 밀가루와 설탕만으로 만든 제빵사업과는 다르다. 오랜 시간과 기술적 경험 이외에도 녹색에 금융을 입히는 일이 더 중요해지고 있다. 숲의 걸프펀드와 나무의 ADIA와의 밀월을 가능하게 만드는 일에서 필요한 극대화 정책이 여기서부터 성공열쇠로 발전할 수 있다.

마지막 다섯 번째 부가가치 극대화는 녹색성장산업의 기술 수출과 인력의 파견이다. 국제재생에너지기구 본부가 있는 마스다르를 통해, 혹은 ADIA를 통해 한국의 그린 테크놀로지를 소개하고 수출하는 길은 결코 멀리 있지 않다. 이미 한국은 원전 수출국으로 등극하고 있기 때문에 이를 기반으로 부가가치 극대화는 어떻게 실천하느냐에 따라 명암이 갈린다. 한국의 위정자들은 이를 잘 알고 있다. 다만 과연 긍지와 명예를 걸고 전력을 다하는지에 대한 의문이 들기도 한다. 한 여름 날씨가 섭씨 45도를 넘나드는 열사(熱砂)의 나라를 굳이 찾는 게 쉬운 일은 아니다.

失敗 · 失敗 · 失敗

다시 '만약에'를 반복한다. 우리는 원전 수주를 이루면서 몇 가지 실패학(失敗學)에 기록을 남겼다. 앞에서 소개한 요르단 원전 수주의 실패는 국고가 빈약한 이 나라에게 파이낸싱 프로젝트(FP) 기분에 따라 뭉칫돈 알선과 이용을 도외시한 경험이 있다. 리스크 방지 차원에서 보아도 소홀함이 역력했다.

다음은 초음속 고등 훈련기 T-50의 수출 실패다. 이 훈련기는 한국 국방부가 13년에 걸쳐 2조 원을 투입해 완성한 국방장비다. 하지만 한국 국방산업의 이원화 미비로 가격경쟁력에서 밀렸다. 기술 개발은 국가가 부담하고 제작은 민간 기업으로 분담시켜 국방산업을 키워나가는 선진외국의 사례를 벤치마킹한 것에 너무나 소홀했다. 이를 개선하는 정책적 방안이 최근 범국가 차원에서 적극적으로 나서고 있어 그나마 다행이다.

지금 중동지역 국가들은 국방비 지출에 큰 시장으로 떠오르고 있다. 사우디아라비아는 지난해 전투기 등 군사용 무기구입비로 600억 달러를 지출하여 통 큰 산유국다움을 과시했다. 쿠웨이트는 원전 사업 파트너로 일본을 꼽으며 원전 6기 수입이 가시화되고 있다. 여기에 프랑스 아레바까지 가세해 아부다비의 실패를 만회하기 위해 에어버스를 동원하고 있다.

한 치의 소홀함이 있다면 경쟁이 극심한 중동지역 비즈니스는 그냥 물 건너가고 만다. 걸프펀드 운용국들을 상대할 때는 더욱 세심한 주의가 필요하다. 왜냐하면 모처럼 원전 수출이라는 대사를 성사시킨 한국이 이를 발판삼아 한국 고리에서 출발해 아부다비 실라까지 이어가는 '원전로드(Nuclear Road)'를 알차게 연결시켜야 하기 때문에 더욱 그렇다.

인샬라(Insha allah, 신의 뜻으로)

슈쿠란(Shukuran, 감사합니다)

마르하바(Marhaba, 환영합니다)

위에 소개한 세 가지 단어는 아부다비에서 입에 달고 다녀야 하는 기본적인 인사말이다. 특히 '신의 뜻'이라는 의미인 '인샬라'는 대표적인 인사말이다. 아부다비 국제공항 안내 데스크에서 흘러나오는 아나운서의 단골 멘트이기도 하다. 특히 이 인사말과 함께 미소가 동원된다면 효과 만점이다.

로마에는 로마의 법이 표준

이탈리아 로마(Roma)하면 떠오르는 몇 가지 속담이 있다. '로마에 가면 로마법을 따르라'라든가 '모든 길은 로마로 통한다'든가, '로마는 하루아침에 이루어 지지 않았다' 등이다. 이 만고의 진리가 주는 교훈은 그대로 ADIA에도 통용된다. 도시국가 아부다비의 비즈니스가 자신의 문화와 정서에 따라 변화하고 진화하는 사이 그들만의 사회 규범과 비즈니스 질서도 형성되었다.

황금박쥐가 가진 비밀을 푸는 열쇠가 존재하듯 아부다비 비즈니스의 비밀 역시 이런 관점에서 해독할 수 있기 때문에 여기에 따른 충분조건이 곧 알라만이 아는 아부다비 비밀을 푸는 만능키로서 가치를 지닌다. 이런 가치는 아부다비를 기반으로 GCC 권역 6개국을 아우르고서 아랍연맹회의와 이슬람회의기구(OIC) 58개국 15억 무슬림에게도 통용되는 만능키의 역할도 겸한다.

칼리파 빈 자에드 알 나흐얀의 리더십 비밀

아부다비는 옛날부터 진주잡이 고장이었다. 몇 세대를 걸쳐 진주잡이로 생업을 영위하던 아라비아 해(海) 연안 거주 아랍인들은 부족들을 중심으로 평화스러운 마을을 이루고 살았다. 1900년 대에는 그랬다. 그리고 세월은 흘러 2004년 11월 3일 선대 자에드 대왕의 뒤를 이어 칼리파가 아부다비 국왕의 자리를 승계했다. 그는 1980년대 후반부터 석유 최고위원회 위원장직을 맡았다. 이를 계기로 국가가 석유와 천연가스에 대한 의존으로부터 탈피하기 위해서는 반드시 경제구조를 다변화할 필요성이 있다는 사실을 강조하기 시작했다.

이런 점이야말로 아부다비의 정치와 문화, 그리고 사회와 경제의 진수(眞髓)가 되었다. 지금까지 우리가 알지 못했던 숨은 사실, 즉 아부다비 비밀의 요체다. 특히 칼리파 국왕은 하류부분(downstreme) 관련 석유산업을 발전시키기 위해 노력했으며 그 정책적 결단은 결국 루와이스(Ruwais) 지역에 오늘날과 같은 대단위 석유화학단지를 조성하는 기틀을 마련했다.

그는 포스트 오일을 고민하고 걱정하면서 아부다비 미래 설계(future planning)에 매진했고 그의 작품은 향후 '아부다비 경제계획 2030'에서 완성을 기대하고 있다. 최근에는 아부다비에 애정과 책임의식을 가지고 끝까지 사회에 봉사하는, 아부다비 에미리트에 대한 복지정책을 크게 높여가고 있다. 바로 이런 점이 아부다비 180만 명을 한 마음, 한 종교 밑으로 품어가는 칼리파 국왕만의 결정적 리더십이다.

아부다비에서 성공할 수 있는 비밀의 초대

실라에 구축할 APR1400 원전 수주 이후 아부다비와 한국 기업 사이에 있었던 후속 비즈니스의 성과는 어떠할까. 성공률은 1.5%에 지나지 않았다. 믿기지 않겠지만 37개 양해각서(MOU) 체결 다음을 조사한 관계기관이 내린 결론이다. 왜 이런 결과가 나왔을까. 왜 이런 일이 벌어질 수 있었던가.

결론부터 말하자면 아부다비 비즈니스 비밀에 대한 무지에서 비롯된 결과였다. 몰라도 너무나 모르고 대응한 점을 또 어떻게 설명해야 될까. 앞에서 언급한 네 가지 의문에 대한 결론은 아부다비(또는 GCC 권역 포함) 비즈니스 비밀에 대한 연구와 조사가 태부족임을 인정하는 일에서 문제해결의 열쇠를 찾아야 한다.

선진 미국과 유럽시장처럼 좋은 제품과 가격, 그리고 성능과 마케팅 등에서 자신이 있으면 비즈니스의 성공률이 저절로 100%가 될 줄로만 믿고 이 시장에 접근한 것이 자만이고 실패의 단초가 된다. 아부다비 비즈니스 매뉴얼은 그들 고유한 상행위가 낳은 문화와 질서에 의해 작동되기 때문에 서구 선진국과 같은 마인드로 접근은 금물이다. 로마에 가면 로마법에 따라야 하는, 그들만의 비즈니스 문화가 있기 때문이다.

예를 들면 크게 두 가지로 나눌 수 있다. 필요조건과 충분조건의 구분이다. 필요조건으로는 우선 가격에서 경쟁력이 있어야 한다. 다음은 가격협상이 만족되면 중동지역 바이어는 관련 국제 인증을 요구한다. 이어서 그들만이 통용하는 독특한 스폰서피라는 제도에 부합할 것을 요구할 것이다. 이 세 가지가 바로 필요조건이 된다.

다음은 충분조건에 들기 위해 기억해야할 것이다. 첫째, 아랍상인들은 최우선적으로 보는 것만 믿고 이를 확인해야 비로소 지갑을 연다. 그들은 최고 · 최대 · 최초에만 후한 점수를 준다. 또 가능하면 클릭(정보)과 모털(제조)가 결합된 상품을 선호한다. 그냥 정보기술이라든가 제조기술에 의한 상품보다는 이 두 가지가 복합된 그런 상품군(商品群)을 찾기 마련이다.

결국 여기에 소개한 여섯 가지 조건들을 갖추어야만 겨우 상거래 협상이 마무리될 수 있다. 이게 말처럼 쉽지 않기 때문에 성공률은 1.5%에 지나지 않게 된다. 이런 구비조건에 부합되지 못하면 한국 대기업이 진출한 각종 공사에 1 · 2차 벤더로 참가해 인맥을 쌓아야만 실패를 면할 수 있다. 그들은 타고난 장사꾼이다. 장사에 도를 터득한 중국 상인들이 울고 가는 시장이 바로 아랍시장이다. 그래서 아랍 비즈니스 문화부터 사랑하는 자세가 주용할 수밖에 없다.

똑똑한 법무법인과 로비스트 찾기 게임

아랍 비즈니스에서 성공률 100%를 얻어내기 위해서는 다음과 같은 고민과 연구가 필수적이다. 첫째, 도시국가 아부다비에서 발행하는 언론매체와의 협조관계 설정을 고려사항으로 넣어야 한다. 한국에서 잘 나가는, 대표적인 기업이라고 해도 아부다비에서의 성공은 그들과의 연계작전이 뒷받침되어야 한다. 우리가 말하는 언론 플레이다. 아무리 잘된 제안서와 소개서를 영문으로 만들었다고 해도 최고 결정권자(CEO)가 한국기업을 택하는 건 이들 언론에서 한국기업에 대한 기사를 보았기 때문일 가능성이 높다.

한국에서 언론매체와의 협조체계를 그대로 유지시켜 홍보 전략을 펼쳐야 하지만 그게 말처럼 쉽지 않는 게 현실이다. 가능하다면 스타기업을 탄생시켜 현지 언론매체를 통해 기사화시키는 일도 고려대상에 넣어야 한다. 아무리 국내 인간지에 스타기업을 대서특필해도 이 뉴스를 읽고 투자하는 데 일조하는 일은 기대난이다.

각종 금융지원을 제공하는 쪽은 걸프펀드다. 때문에 이들에게 어필하는 수준의 기사제공에 의해서 결재권자를 움직일 수 있다는 점을 간파해야 한다. 더 중요한 점은 필요조건과 충분조건을 갖추고 언론매체와의 협조체계가 갖추었다 해도 현지 또는 국내 법무법인의 공증을 받아만 리스크를 최소화할 수 있다는 사실이다. 특히 뭉칫돈을 운용하는 ADIA의 문을 두드리기 전부터 이 공증제도 도입이 곧 성공보증수표가 됨을 간과해서는 안 된다. 하지만 한국 로펌 가운데 아부다비에 진출한 업체는 아직 한군데도 없다는 점은 또 어떻게 설명해야 할까.

서울에서만도 지천에 깔려있는 법무법인들을 다 어디에 가서 글로벌 비즈니스를 펼치고 있을까. 오는 2012년부터는 한국 법률시장도 개방의 파고에서 살아야 하는데 말이다. 하긴 변변한 법무법인 하나도 없으니 아부다비 시장에서 공격적인 로비스트 한 분도 있을 수 없을 터다. 그런데도 2010년 한 해 동안 중동지역 해외 건설에서 거두어들인 600억 달러 수주금액은 기적이 아닐 수 없다.

우선적으로 미국 뉴욕이나 워싱턴에 나가있는 한국 국적의 로비스트를 수입하면 어떨까 싶다. 이러한 관점에서 보아도 아부다비 비즈니스의 비밀은 알라만이 알 수 있는 특수 영역으로 치부하는 일이 국익과 사익에 보탬이 된다고 주장하고 싶다. 결국 로마에 가면 로마의 법을 따르는 일이 만고진리가 되는 모양이다.

5

다시 아부다비 경제계획 2030을 제안해 보면

2010년 11월 14일(현지시간) 도시국가 아부다비 야스섬에서 '2010 시즌 포뮬러 원(F1) 월드챔피언십' 최종전이 열렸다. 2010년 시즌은 아부다비를 끝으로 19번째 레이스였기 때문에 전 세계의 시선이 그곳에 모이는 것은 당연했다. 이 대회에 관한 기사는 가을부터 매스컴의 톱을 장식하기 시작했다.

월드컵과 함께 세계 체육인에게서 모터스포츠의 대명사 포뮬러 원(F1)은 달러박스다. 천문학적인 방송중계료와 대회 관람료는 항상 관심사의 가운데 있었다. 특히 2010 시즌 F1은 출전 선수 가운데 가장 나이가 어린 독일 레드볼 소속 세바스찬 베텔이 우승을 차지하여 첫 월드 챔피언 타이틀을 거머쥐었다.

2009년 시즌 최종 순위 2위를 차지해 신예 돌풍을 일으킨 베텔은 영국 맥라렌 소속 루이스 해밀턴이 보유하고 있던 최연소 월드 챔피언의 기록도 갈아치워 명실상부한 F1 최고의 스타로 자리매김했다. 베텔은 총 305.355km의 야스 마리나 서킷을 1시간 39분 36초 837의 기록으로 주파하여 시즌 마지막 체커기를 올렸다. F1 코리아 그랑프리에서 우승한 페르난도 알론소는 7위로 마감하였다. 강력한 우승 후보였던 마크 웨버 또한 부진한 경기로 8위의 성적에 그쳤다.

ADIA과 F1의 관계 vs 걸프펀드

중동 국가들이 F1에서 새로운 발전 동력을 찾고 있다. 이러한 조짐은 3년 전으로 거슬러 올라간다. 2007년 4월 13일 중동지역 바레인의 수도 마나마에서 론 데니스 맥라렌 메르세데스 F1팀 회장과 모하메드 빈 에사 알 칼리파 바레인 경제개발위원회 회장이 공동기자 회견을 열었다. 바레인이 맥라렌 팀의 지분 30%를 인수한 것에 대해 설명하기 위해서다. 바레인에서 2007년 시즌 세 번째 그랑프리(13～15일)가 열린 것에 맞춰 자리를 마련한 것이다.

론 데니스 회장은 “맥라렌은 영국 국적의 팀이지만 지분의 40%는 독일의 다임러크라이슬러가 갖고 있으며 엔진은 벤츠로부터 받는다. 그래서 우리의 시장은 전 세계이다”라고 전제해서 “오일머니가 풍부한 중동지역에 진출한 것도 같은 이치다”라고 설명했다.

알 칼리파 의장도 “석유에 기댄 국가 운영은 한계가 있다. F1이 가져다 줄 다양한 발전 기회를 얻기 위해 이들 지분을 인수하게 되었다”고 강조했다.

그해 가을부터 ADIA는 네덜란드 소속 스타이컴 팀의 스폰서로 등장함과 동시에 야스 섬에다 페라리 테마파크(Ferrari World Abu Dhabi) 조성에 돌입했다. 그리고 2009년에 이어 2010년 시즌에서 19번째 마지막 경기를 치르면서 F1 영웅 세바스찬 베일을 배출했다. 따라서 F1은 포스트 오일에 대한 준비와 ADIA가 기대하는 미래설계의 한 아이템이 되었다.

F1 운영에서도 출전 스포츠 카 머신의 성능과 기량이 비슷비슷하여 추월(追越－overtaking)의 재미가 없어졌다. 우선 박진감을 기대하는 관중과 시청자에게는 다른 재미가 필요했었다. 2010년 시즌부터 FIA(국제자동차연맹)은 ‘추월의 미학’을 위해 뒷날개(rear wing)를 높여서 순간적인 추월이 수월하게 이루어지는 것을 제안했고 이를 적용하기 시작했다.

아부다비 페라리 테마파크 조성에 필요한 자금을 지원하고 있는 ADIA는 이를 통해 새로운 투자 아이템에 자신감을 얻어낸 결과로 이어졌다. 같은 맥락에서 아부다비 페라리 테마파크에서 개최된 F1는 2010년 시즌부터는 흑자계정을 이룬 반면 한국 영암에 조성한 F1 코리아 그랑프리는 약 400억 원의 적자를 기록했다.

F1을 운영하는 스포츠카마케팅기업 FOM(Formula One Management)만 600억 원이 넘는 순이익을 챙겼다고 한다.

결국 국부펀드 ADIA 기금운용의 사례가 스포츠 분야까지 파급되는 현실과 함께 이익계정의 명암이 다른 이유들은 우리 모두를 전율시키기에 부족함이 없을 터다.

아부다비 경제계획 2030의 제안

다시 반복하지만 아부다비 경제계획 2030은 아직도 미완성이다. 도시국가 아부다비의 미래를 풍요롭게 장식하기 위한 각종 사회기반시설 공사와 문화 아이템이 계속적으로 이어지고 있기 때문이다.

이를 불가능에서 가능하게, 미완을 완수로, 평범하기 그지없는 도시국가를 엑설런트한 도시국가로 발전시키는 일의 중앙에는 ADIA가 있다는 점은 우리 모두에게 큰 의미로 다가오고 있다.

진정한 국부펀드의 위력과 동시에 한계까지 함께 추구하고 연구해보면 이 큰 의미는 또 다른 초대로 이어질 수 있다. 물론 꼬리표가 없는 돈의 세계와 돈의 질서가 만들어가기 마련인 그야말로 돈의 초대(招待)다.

그래서 나는 이를 방증시키기 위해 반복해서, 이 단행본의 마지막을 장식해서 ADIA의 대해부(大解剖)를 통해 '아부다비 경제계획 2030'의 실체와 미래, 그리고 미션을 초지일관(初志一貫)되게 제안하고 있는지 모른다.

에필로그

고백하건대 이 책 <아부다비투자청 대해부>는 뉴욕 월가의 금융전문가든가 런던 더 시티의 파이낸스파워 리서치에서 나올 만한 책이다. 그것도 아니면 여의도 소재 에널리스트에게서 이런 책이 나오는게 정상이고 그러면 더 큰 관심의 대상이 될 수 있다. 그런데도 금융과 거리가 먼 마케터인 내가 이런 책을, 이런 금융관련 도서를 집필하였으니 어찌 보면 실소할 일이다. 나는 이를 자인(自認)한다. 하지만 변명의 기회를 준다면, 합리화할 수 있다면 나는 이렇게 답을 준비해두었다.

최근 5년 동안 중동시장을 발로 뛰면서 그 결과물로 다섯 권의 단행본을 출판하는 과정에서 ADIA는 김칫독에 우거지가 끼듯 항상 그 중심에 있었다. 인구 180만 명의 도시국가 아부다비의 미래 설계를 완성하기 위한 시설자금에 대한 궁금증이 증폭되었고 결국 이게 집필의 안테나가 되어 그쪽으로만 전념하게 되었다.

특히 도시국가 아부다비의 엑설런트한 발전과 변화의 중심에는 국부펀드 ADIA의 존재와 역할이 크게 돋보였다. 이를 인지하면서부터 단행본 집필을 염두에 두고 연구 활동을 했다. 집필에 필요한 소재발굴의 끝자락에는 글로벌 그린 마케터 시각으로 중동지역을 조사 · 연구하면서 틈새와 차별성에 충실하기 위해 나는 혼신의 노력을 다했다.

예를 들면 학위 논문을 쓰기 위해 수없이 인용했던 각종 도표와 현란한 여러 가지 그래프의 유혹을 벗어나기가 무척 어려웠다. 의례 금융관련 도서라면 각종 도표와 현란한 그래프의 나열이란 것쯤은 잘 알고 있었으나 이 책에서는 한 컷, 한 그래프도 차용하지 않고 틈새와 차별성을 살려냈다.

관련 기관과 기업의 협조에 의해 아부다비 에미리트들이 요구하는 '다큐멘터리 3부작'을 제작하여 그 유혹을 보상을 받을 생각뿐이다. 한마디로 글로벌 그린 마케터만이 가능한 그런 책과 다큐멘터리가 되게끔 이를 금과옥조로 삼았음을 고백한다. 더 고백하자면 주관적인 관점이 아닌 객관적인 시각으로 대접받는 결과물로서 평가절상을 바란다. 물론 이 단행본은 한국어판 출판에 그치지 않고 아부다비 에미리트들이 요구하는 영문판까지 예상해서 처음부터

도표와 그래프 유혹을 잠재울 수 있었는지 모른다.

마케터도 이런 금융도서를 집필할 수 있는 세상이 바로 지금이라는 점까지 공인을 받았으면 더 바람이 없겠다. 다시 말해 우리가 사는 21세기는 기술적 발전과 과학문명의 발달에 힘입어 광속으로 변화하고 또 진화하고 있다. 이제 글로벌 그린 마케터의 외도는 이것으로 끝이 났으면 좋겠다만 글쎄다. 오늘따라 고래심줄처럼 질기고 강한 내 업보가 내 목을 짓눌리고 있기 때문이다. 그런데도 엑설런트 도시국가로 등극을 기대하는 산유국 아부다비의 로망은 내게 동기부여와 자극을 주었다. 이런 경우를 빗대어서 우리는 '찻잔 속의 작은 반란'이라고 하던가.

참고문헌

게랄트 브라운 베르거, 『세계를 움직이는 돈의 힘』, 모명숙 옮김, 현암사, 2009.

공수민, '아부다비 국부펀드 성적표 첫 공개', <아시아경제>, 2010년 3월 15일자.

김동은, '중동 머니 동진… 동남아 거쳐 중 · 일 눈독', <매일경제>, 2010년 1월 14일자.

김종수, '글로벌 환율전쟁의 끝은', <중앙일보>, 2010년 10월 19일자.

김찬희, '쌀 때 베팅하라… 국부펀드 총성 없는 전쟁(錢爭)', <국민일보>, 2010년 9월 7일자.

김형태, '금융전쟁시대 생존법', <매일경제>, 2006년 9월 20일자.

니얼 퍼거슨, 『금융의 지배』, 김선영 옮김, 믿음사, 2006.

로버트 기요사키, 『부자들의 음모』, 윤영삼 옮김, 흐름출판, 2010.

머니투데이 국제부, 『월스트리트 제대로 알기』, 아카넷, 2010

문일호, '넘치는 돈 M&A 시장 달군다', <매일경제>, 2010년 11월 16일자.

박용범, '아부다비 국부펀드 KIC에 투자요청', <매일경제>, 2010년 3월 15일자.

방현철, '이슬람 머니, 한국에 미소 짓다', <조선일보>, 2009년 6월 9일자.

선정민, '국부펀드가 달려 온다', <조선일보>, 2007년 12월 22일자.

손경식, 『한- GCC FTA 국내기업에 미치는 영향과 전략적 활용방안』, 대한상공회의소, 2009

송의경, '외환보유액 많다고 좋은가', <동아일보>, 2010년 9월 8일자.
수은해외경제, 'GCC의 국부펀드 현황 및 전망', 2008년
신현규, 'ADIA, 씨티그룹에 소송', <매일경제>, 2009년 12월 18일자.
안남식, '중동을 이웃으로 사귀는 법', <동아일보>, 2008년 2월 2일자.
안정훈, 'UAE는 에너지 아닌 지식국가', <매일경제>, 2010년 5월 14일자.
앤디 무커지, '국부펀드 바람에 웃는 사람들이 있다', <조선일보> 2007년 10월 27일자.
유지현, '공격적 해외투자… 中 CIC 수익 막대', <헤라디컴>, 2010년 7월 30일자.
유용하, '녹색시대 앞당기는 파이로프로세싱', <매일경제>, 2010년 1월 26일자.
이근우, '미국 금융위기 그 끝은', <매일경제>, 2008년 3월 22일자.
이진우, '도전받는 경제학… 새 해법 찾는다', <매일경제>, 2010년 8월 10일자.
임은모, 『아부다비의 힘』, 이담북스, 2009
임은모, 『그린 에너지 원자력』, 이담북스, 2010
임정성, '인도, 국부펀드 조성 주장 다시 제기', <친다이저널>, 2010년 6월호.
장광익, '세계 국부펀드 대이동 시작됐다', <매일경제>, 2009년 12월 8일자.
장박원, '헤지펀드의 두 얼굴', <매일경제>, 2010년 11월 27일자.
재경일보, '아부다비-지멘스 전략적 파트너십 맺다', 2010년 10월 21일자.
저스틴 폭스, 『죽은 경제학자들의 만찬』, 윤태경 옮김, 랜덤하우스, 2010
정혁훈, '발표 땐 요란… 슬그머니 사라진 정책들', <매일경제>,

2010년 6월 21일자.
조환익,『중동 미래성장산업 진출 가이드』 KOTRA, 2009
하현옥, '미국과 이슬람의 새로운 시작', <중앙일보>, 2009년 6월 5일자.
한재준, '글로벌 금융시장 판도 뒤흔들다', <매일경제>, 2008년 6월 21일자.

ADIA

ADIA Review 2009

Prudent Global Growth

جهاز أبوظبي للاستثمار

Abu Dhabi Investment Authority

Contents

At a glance	02
Managing Director's letter	04
Commitment to building understanding	06
Investment strategy	10
Portfolio overview	11
Investment activities	12
Risk	16
Relationship with the Government of Abu Dhabi	17
Governance	18
People	22
Board of Directors	24
Investment Committee	26
Contact details	28
Our history	Inside back cover

At a glance

Mission

Established in 1976, the Abu Dhabi Investment Authority is a globally-diversified investment institution whose sole mission is to invest funds on behalf of the Government of the Emirate of Abu Dhabi to make available the necessary financial resources to secure and maintain the future welfare of the Emirate.

Where we invest

Our Investments

ADIA employees by nationality

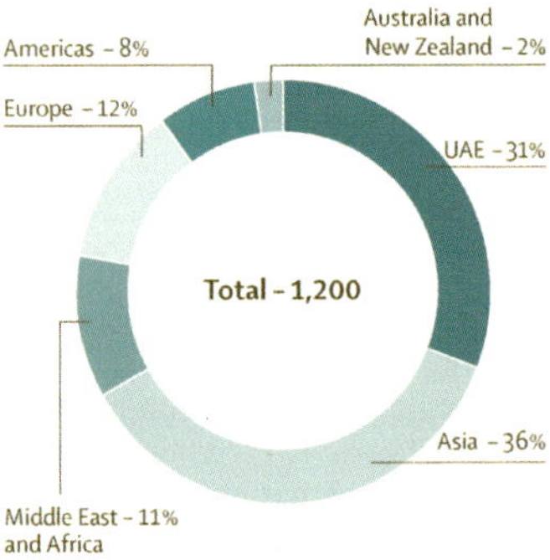

Our history

1967
Creation of Abu Dhabi's "Financial Investments Board" under the Department of Finance (Mandate given to UBS, Robert Fleming, Morgan Guarantee Trust and Indosuez).

1976
Decision to separate ADIA from the Government of Abu Dhabi as an independent organisation;
Created the following departments:
Equities and Bonds,
Treasury, Finance and Administration,
Real Estate, local and Arab investments.

1986
Started investing in alternative strategies.

1987
Equities and Bonds departments became regional (North America, Europe and Far East).

1988
Number of employees exceeds 500 mark.

1989
Started investing in private equity.

80%

Approximately 80% of ADIA's assets are managed by carefully-selected external fund managers whose activities are monitored on a daily basis.

60%

Approximately 60% of ADIA's assets are invested in index-replicating strategies.

Guiding principles

With a long tradition of prudent investing, ADIA's decisions are based solely on its economic objectives of delivering sustained long-term financial returns.

ADIA does not seek active management of the companies in which it invests.

People

ADIA's success stems from its collection of 1,200 talented individuals from the UAE and around the world who, together, pursue our mission. With more than 40 nationalities represented in our Abu Dhabi head office, we are proud of ADIA's rich diversity and have committed to fostering the highest standards of leadership, integrity and professionalism.

Portfolio highlights

ADIA manages a substantial global investment portfolio, which is highly diversified across more than two-dozen asset classes and sub-categories, including quoted equities, fixed income, real estate, private equity, alternatives and infrastructure.

> Approximately 80% of ADIA's assets are managed by carefully-selected external fund managers whose activities are monitored daily.

> Approximately 60% of ADIA's assets are invested in index-replicating strategies.

In U.S. dollar terms, the 20-year and 30-year annualised rates of return for the ADIA portfolio were 6.5% and 8.0% respectively, as of 31 December 2009. Performance is measured based on underlying audited financial data and calculated on a time-weighted return basis.

Annualised Returns	20 Yrs (p.a.)	30 Yrs (p.a.)
As at 31 December 2009	6.5%	8.0%
As at 31 December 2008	6.1%	7.6%

Relationship with Government of Abu Dhabi

ADIA carries out its investment programme independently and without reference to the Government of the Emirate of Abu Dhabi or other entities that also invest on the Government's behalf.

ADIA's Managing Director is vested under the law with responsibility for implementing ADIA's policy and the management of its affairs, including decisions related to investments, and acts as its legal representative in dealings with third parties.

ADIA is not involved with nor has any visibility on matters relating to the spending requirements of the Government of the Emirate of Abu Dhabi, nor are ADIA's assets classified as international reserves.

1993
Started formal asset allocation process with a set of benchmarks and guidelines; Bonds moved from Equities Department to Treasury Department.

1998
Started investing in inflation-indexed bonds.

2005
Dedicated allocation to small caps within equities, and investment-grade credit within fixed income.

2007
Started investing in infrastructure sector; Moved into new headquarters.

2008
ADIA participates in the development of policy principles for international investments with the U.S. Department of the Treasury. ADIA appointed co-Chair with IMF of International Working Group of Sovereign Wealth Funds.

2009
Creation of Investment Services Department; Founding member of the International Forum of Sovereign Wealth Funds (IFSWF).

Managing Director's letter

Ahmed bin Zayed Al Nehayan

"What began as a small operation with just a few people investing in fixed income securities is now a globally recognised investing institution with more than 1,200 employees and a highly-diversified portfolio spanning multiple geographies and asset classes."

For more than three decades, the Abu Dhabi Investment Authority has played a central role in safeguarding the current and future welfare of the Emirate of Abu Dhabi and its people.

We have carried out our mission by prudently investing funds allocated by the Government of Abu Dhabi through a strategy focused on long-term value creation.

What began as a small operation with just a few people investing in fixed income securities is now a globally recognised investing institution with more than 1,200 employees and a highly-diversified portfolio of assets spanning multiple geographies and asset classes.

Our investment decisions have always been driven solely by economic objectives. For, while ADIA is owned by the Government of Abu Dhabi, it manages its portfolio independently of both the Government and other affiliates that also invest funds on its behalf.

ADIA as Part of the Global Community
Even against a backdrop of great change, some things have remained constant. Foremost among these is the value we attach to our most important asset – our reputation. Since our creation in 1976, we have worked hard to develop strong relationships, built on mutual trust and respect, with governments, regulators and investment partners around the world.

In 2008, ADIA reached an understanding with the US Department of the Treasury and the Government of Singapore Investment Corporation that laid out policy principles and standards for investments by sovereign wealth funds (SWFs), and countries receiving SWF investments.

Later that year, we assumed the role of co-chair of the International Working Group of 26 SWFs. This culminated in the widely publicised Generally Accepted Principles & Practices of sovereign wealth funds, also known as the Santiago Principles, which reaffirmed how SWFs invest. After a thorough internal review, I am proud to confirm that ADIA complies with these Principles, and you will find additional disclosures on our website.

We also understand that trust must both be earned over time and maintained through ongoing actions. So with the publication of this, our first Annual Review, we aim to enhance understanding of ADIA in key areas such as governance, investment strategy, portfolio structure, our approach to risk and – the lifeblood of our organisation – our people.

Developing ADIA
The past year has seen some important changes at ADIA. Among these, we brought a number of existing risk, compliance and performance functions together to create the Investment Services Department (ISD). Its responsibilities include providing centralised administrative support to investment departments, data monitoring and reporting, and ensuring the consistency of business and IT solutions.

During the year, ADIA continued to attract high calibre professionals. These appointments will further enhance our ability to take a truly global view in analysing opportunities and managing our existing investments.

At ADIA, we are fortunate to have a balanced mix of senior managers who have been with us for many years, professionals from some of the world's most highly regarded institutions, and bright new recruits from local and international universities. With more than 40 different nationalities representing us, we attach the highest importance to nurturing both "home grown" and international talent, as demonstrated by our significant ongoing investment in learning and development programs. As a result, ADIA employs the highest number of Chartered Financial Analyst (CFA Institute) charter holders in the UAE.

2009 – The Year in Review

The first quarter of 2009 saw an acceleration of the economic and financial market turmoil that marked the second half of 2008. World equity markets, already down more than 40% in dollar terms, fell a further 23% to their lows in March 2009.

However, the value created by such a sharp decline, coupled with the unprecedented response of governments and regulators around the world, contributed to a significant recovery in economic activity and substantial gains in world equity markets over the following months.

Having increased the overall liquidity in our portfolio from early 2008, we began in 2009 to cautiously lift our exposure to higher growth markets, which proved effective as the recovery began to take hold.

Despite the damage caused to the world economy, I believe we can take some positives from recent events. We should applaud global policy makers for clearly recognising the immediate downside risks associated with excessive leverage in the market and for swiftly and decisively protecting the financial system, providing time for financial markets and economic agents to adjust to lower levels of debt.

Around the world, the most important financial regulatory reform debate in generations has begun. There is also an increasing realisation that some global co-ordination of economic policy is in everyone's best interests. Given the growing importance of many emerging economies, we believe that the G20 is the right forum for policy discussion.

Governments and regulators now appear committed to reducing the risk of such a crisis occurring again in the future, including targeted measures to prevent bubbles before they happen, rather than using monetary and fiscal policy to clean up afterwards.

Looking Forward

Even so, considerable uncertainty remains about the outlook for 2010.

Most pressing is the sustainability of the economic recovery as monetary and fiscal stimulus fades away. Indeed, the timing and nature of "exit strategies," will probably dominate the economic debate and outlook for quite some time.

Given a backdrop of low nominal interest rates and significant public-sector debt, the next economic cycle will be very different from anything seen in the past 25 years.

With higher interest rates and taxes likely in many countries, the upswing may be less pronounced than usual, at least in the more mature developed economies.

Meanwhile, the inflation debate appears likely to continue, with both sides – excess capacity versus monetary expansion – having strong arguments. Trying to safeguard against the risks of near-term deflation, whilst preparing for higher inflation longer term, will continue to be a key area of focus for all investors in the year ahead.

But economic turbulence is a fact of life. This is why we, at ADIA, have an investing philosophy that aims to diversify our exposure to known market risks while capturing long-term trends, rather than trying to predict the twists and turns of individual cycles. It is an approach that has served us well throughout our history.

Finally, in what has been a demanding environment, I would like to close by thanking my colleagues, our partners and suppliers for their hard work and discipline. Their dedication and composure has ensured that ADIA continues to be well positioned for the long-term.

Ahmed bin Zayed Al Nehayan
Managing Director

Commitment to building understanding

The last few years have seen a surge in the level of public and political interest in sovereign wealth funds. At ADIA, we recognise the importance of building a clear understanding of who we are, what we invest in and why, in order to maintain the strong, trusted relationships we have built with governments and regulators around the world over the past 30 years.

As a long-term investor with a purely economic focus, we believe ADIA plays a role in providing stability to international financial markets, especially during times of economic weakness when others with shorter-term strategies or liquidity needs may have to reduce their holdings.

Over the past two years, we have been at the forefront of efforts to improve understanding of the role sovereign wealth funds (SWFs*) play in promoting the free flow of global capital and investments. This included an understanding in 2008 with the US Department of the Treasury and the Government of Singapore Investment Corp. on a series of "policy principles" to govern both our investments and the behaviour of recipient countries.

Then, in May 2008, ADIA took this one step further by agreeing to act alongside the International Monetary Fund as co-chair of the International Working Group (IWG) of sovereign wealth funds. The IWG, which comprised representatives from 26 countries, was created to demonstrate to home and recipient countries and the international financial markets that SWFs had robust internal frameworks and governance practices and that their investments were made only on an economic and financial basis.

The goal was to create an agreed framework of Generally Accepted Principles and Practices that reflected appropriate governance and accountability arrangements, as well as the prudent and sound basis on which SWFs conduct their investments. This was achieved in September 2008 when the IWG's members signed the so-called "Santiago Principles" in Santiago, Chile. The Principles are underpinned by the following guiding objectives for SWFs:

1. **To help maintain a stable global financial system and free flow of capital and investment;**
2. **To comply with all applicable regulatory and disclosure requirements in the countries in which they invest;**
3. **To invest on the basis of economic and financial risk and return-related considerations; and**
4. **To have in place a transparent and sound governance structure that provides for adequate operational controls, risk management and accountability.**

A key element of this process was the expectation that if SWFs complied with the Santiago Principles, recipient countries would recognise and respect their compliance, and would not subject SWFs to any requirement, obligation, restriction, or regulatory action exceeding that of other investors.

While the Santiago Principles are voluntary, members are expected to support them and either implement or aspire to implement them. In fact, a condition of membership in the ongoing International Forum of Sovereign Wealth Funds, established by the 26 member countries in Kuwait in April 2009, is endorsement of, or in effect, compliance with, the Principles.

Having participated in the design, development and drafting of the 24 principles, ADIA created a multi-disciplinary team to conduct a thorough internal compliance review, taking into consideration our governing law, rules, regulations and operations. Through this self assessment, we have verified and hereby confirm ADIA's compliance with the Santiago Principles. Accordingly, we welcome all opportunities to invest in recipient countries on a basis consistent with the Santiago Principles.

*SWFs are defined as special purpose investment funds or arrangements, owned by the general government. Created by the general government for macroeconomic purposes, SWFs hold, manage, or administer assets to achieve financial objectives, and employ a set of investment strategies which include investing in foreign financial assets. The SWFs are commonly established out of balance of payments surpluses, official foreign currency operations, the proceeds of privatisations, fiscal surpluses, and/or receipts resulting from commodity exports. This definition excludes, *inter alia*, foreign currency reserve assets held by monetary authorities for the traditional balance of payments or monetary policy purposes, operations of state-owned enterprises in the traditional sense, government-employee pension funds, or assets managed for the benefit of individuals.

Source: Santiago Principles.

Over the past two years, ADIA has been at the forefront of efforts to improve understanding of sovereign wealth funds and promote the free flow of global capital and investments.

ADIA benefits from being a truly multicultural workplace where many nationalities combine to create a business environment focused on prudent innovation, disciplined execution and effective collaboration.

Investment strategy

Our investment strategy requires a careful balance between discipline and flexibility

ADIA's investment strategy involves looking beyond individual economic cycles and focusing on strategies aimed at capturing secular trends and outperforming the market over the long term.

Our approach begins by identifying an acceptable level of risk, and then building outwards by adding a highly-diversified range of asset classes that allow us to maximise returns within these parameters. The Strategy Unit is at the heart of this process. Its market strategists and asset specialists, supported by quantitative analysts, identify new and emerging trends in the global economy and then compare the potential risks and returns of different asset classes within those scenarios. The result is a recommended portfolio mix that contains more than two dozen asset classes and sub-categories, each with a fixed weighting, which together form ADIA's shared, long-term view of the world, or "neutral benchmark."
(See Page 11 – Portfolio Overview)

The Strategy Unit regularly reviews the neutral benchmark and suggests any necessary changes to either new or existing asset classes and their respective weightings. It also researches and proposes medium-term strategies around the benchmark with the objective of enhancing returns. This may include occasional "off-benchmark" opportunistic investments.

Our investment strategy requires a careful balance between discipline and flexibility: discipline to ensure the portfolio remains closely aligned with our long-term vision; and flexibility to react to major changes ahead of long-term trends, such as our decision to begin investing in alternatives as early as 1986 and in private equity in 1989.

Any proposed changes to the neutral benchmark are subject to review by the Strategy Committee followed by the Investment Committee before a recommendation is made to the Managing Director. Once approved, the investment departments are given mandates with specific benchmarks, guidelines and excess return targets.

Investment process

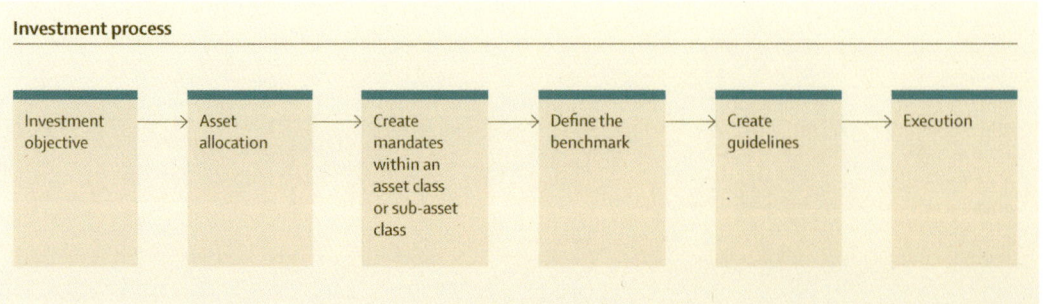

Investment objective → Asset allocation → Create mandates within an asset class or sub-asset class → Define the benchmark → Create guidelines → Execution

Portfolio overview

By Asset Class

Neutral benchmark*	Min.	Max.
Developed Equities	35.0%	45.0%
Emerging Market Equities	10.0%	20.0%
Small Cap Equities	1.0%	5.0%
Government Bonds	10.0%	20.0%
Credit	5.0%	10.0%
Alternative**	5.0%	10.0%
Real Estate	5.0%	10.0%
Private Equity	2.0%	8.0%
Infrastructure	1.0%	5.0%
Cash	0.0%	10.0%

*The above denotes neutral benchmark ranges within which allocations can fluctuate, hence they do not total 100%.

**Alternative comprises hedge funds and managed funds.

By Region

Neutral benchmark*	Min.	Max.
North America	35.0%	50.0%
Europe	25.0%	35.0%
Developed Asia	10.0%	20.0%
Emerging Markets	15.0%	25.0%

ADIA, as a matter of practice, does not invest in the UAE. Nor does it typically invest in the Gulf region except in instances where such investments constitute part of an index.

Investment activities

ADIA's investment departments are responsible for designing and managing investment portfolios within the parameters set for them through the asset allocation process. These departments, which between them invest across multiple asset classes and geographies, have sole discretion over the origination and recommendation of investment proposals.

External Equities

External Equities is a general term used to describe the activities of investing departments responsible for appointing and monitoring external fund managers investing in different regions. These include: the Americas, Europe, Far East and Emerging Markets. Each department is divided further into both active and passively-managed mandates. In total, ADIA operates more than 60 external equity mandates, which follow an agreed strategy that adheres strictly to ADIA's specified investment guidelines. The trading activities of all managers are monitored on a daily basis, backed up by regular internal reports on performance, risk and adherence to ADIA's guidelines. This is complemented by regular review meetings and site visits by representatives of ADIA's External Equities departments. (See Page 15 – "Selection of External Managers" – for further details)

Internal Equities

The Internal Equities Department invests directly into global equity markets, rather than through external fund managers. We created the Department in early 2008 to bring all of ADIA's regionally-focused fund managers onto a common platform, as a means of enhancing co-ordination and promoting internal debate about global market events and trends.

Internal Equities is divided primarily between Active portfolios, and Passive & Quant portfolios. There are seven Active regional teams, each with a portfolio manager and analysts, as well as sector specialists in some cases. Passive & Quant is divided into two regional teams – Developed Markets and Emerging Markets.

The Department's goal is to generate returns that outperform its benchmark through disciplined execution and by exploiting inefficiencies and volatility in equity markets.

The Department's goal is to generate returns that outperform its benchmark through disciplined execution and by exploiting inefficiencies and volatility in equity markets.

Each department operates within a set of tailored guidelines that include maximum and minimum investments relative to their benchmarks, sector and country limits and tracking error limits.

Fixed Income & Treasury

The Treasury Department serves multiple functions, which include managing ADIA's liquidity needs and cash investments in the short-term money markets, as well as managing its portfolio of investments across a range of fixed-income securities. The Department manages funds both internally and through external managers and is assisted by support departments, including a department that executes its trades. In addition to money markets, the Department's investments can be grouped into four broad categories: global government bonds, global inflation-linked bonds, emerging market bonds and global investment-grade credit. Its objectives are to meet ADIA's liquidity needs and to obtain returns above its respective fixed income benchmarks while maintaining an acceptable level of risk.

Infrastructure

The Infrastructure Group was created in 2007, to build and manage a global portfolio of infrastructure investments, which are attractive to long-term investors due to their relatively stable returns. The Infrastructure Group's core focus is on assets with strong market-leading positions and relatively stable cash flows, including utilities, such as water, gas and electricity distribution and transmission companies, as well as transport infrastructure, such as toll roads, ports, airports and freight railroads. Its primary strategy is to acquire minority equity stakes alongside proven partners, with an emphasis on developed markets but an ability to look at emerging markets on an opportunistic basis. In keeping with ADIA's overall approach, the Infrastructure Group is a financial investor and does not seek to control or operate the assets in which it invests.

Private Equities

The Private Equities Department is responsible for investing in global private equity funds and assessing selected opportunities to co-invest alongside external funds. We began investing in private equity as early as 1989, to diversify ADIA's portfolio and seek risk-adjusted returns that exceed those possible in the public equity markets.

The Department has four main divisions, focusing on investments in primary funds, secondary and distressed funds and carefully-selected co-investments alongside external managers. Its assets are broadly diversified by geography, as well as by industry, investment philosophy, size and time-frame.

We closely monitor performance and measure it against two benchmarks, the first of which analyses returns against a group of peers over a trailing six year period, while the second aims to outperform the quoted equity market over 10 years.

Investment activities continued

Real Estate

The Real Estate Department is responsible for building and managing a diversified portfolio of global real estate assets, both through direct investments and the use of external funds.

The Department divides its activities into regional teams, each with its own investment managers and analysts, and a separate, globally-focused hospitality team. Together, their primary focus is to invest directly in assets with stable cash flows, through joint ventures with experienced local partners or through external managers who are closely directed by ADIA's in-house team.

The Department has a flexible approach that allows it to invest across property types, the full size spectrum and across capital structures, while capturing new opportunities in the market as they arise.

A finance team supports the investment managers, and is responsible for structuring and executing investments, budgeting, performance reports and other analysis which assists the investment team in developing its long-term, global view of the market.

Alternative Investments

The Alternative Investments Department invests in externally-managed futures and hedge funds, while also operating an internal team that invests directly in futures markets.

The Department's goal is to generate long-term capital appreciation with low correlation to traditional global equity and fixed income markets. Its team of investment professionals is responsible for identifying and assessing external managers across a pool of approved strategies and asset types.

ADIA's portfolio of hedge fund investments is broadly diversified across macro, relative-value, event-driven and market-neutral equity strategies. In managed futures, our portfolio is spread across multiple strategies such as systematic, discretionary or a combination of both. These investment vehicles trade futures instruments connected to equity indices of all kinds, currency derivatives, and hard and soft commodities.

ADIA's portfolio of hedge fund investments is broadly diversified across macro, relative-value, event-driven and market-neutral equity strategies.

Selection of external managers

In addition to our internal investment teams, we recognise that external managers often bring unique skills, experience or track records that ADIA cannot replicate easily or in a cost efficient manner. Using a wide array of external managers also acts as a diversification tool and helps to minimise the potential for risk concentrations.

In total, around 80% of our assets are managed externally in areas including Equities, Fixed Income, Foreign Exchange, Money Markets, Real Estate, Private Equities and Alternative Investments. We engage managers across the risk spectrum, from index-replicating to actively-managed mandates, in most cases through the use of "segregated accounts" that allow us to tailor each fund to our specific needs and rigorous internal guidelines.

In recognition of the important role they play, we devote significant time and effort to recruiting and monitoring external managers. We begin the process by creating a long list of potential managers in any given asset class and strategy, sourced from extensive internal databases that ADIA has developed over many years. We then analyse these managers on the basis of ADIA's "4 Ps Framework":

> Philosophy

> Process

> People

> Performance

This process involves multiple discussions and face-to-face meetings with managers before we create a short-list, allowing us to build up a fully rounded and in-depth understanding of each manager's background and expected ability to deliver sustainable outperformance against their mandate.

Once appointed, we closely monitor our external managers through dedicated teams in each department. These teams are supported by the Internal Audit Department, Evaluation & Follow Up Department (EFD), Operations Department, Investment Services Department and Accounts, in coordination with ADIA's custodian banks. We typically receive written performance reports on a monthly or quarterly basis, and hold face-to-face review meetings at least once a year.

Manager selection process

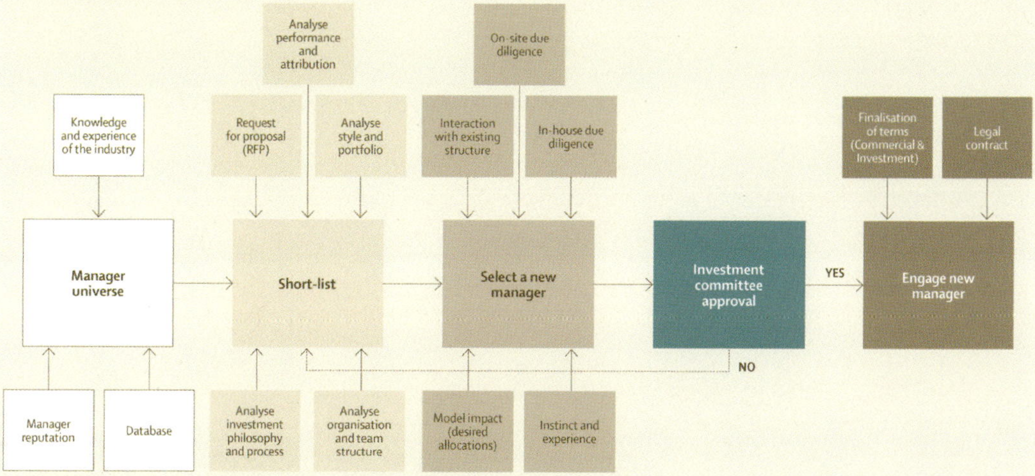

Risk

ADIA operates numerous risk control mechanisms at a departmental level... Our systems allow for both pre-trade and post-trade compliance checking.

Our overall portfolio has implicit risk and return objectives that have evolved over time according to global market developments, whilst always remaining consistent with our legal responsibilities. These objectives are central to the creation of our "neutral benchmark" or shared long-term view of the world, and the resulting asset-allocation process.

Risk framework

In keeping with our prudent approach to investing, identifying and managing risk plays a central role in every stage of ADIA's strategic and day-to-day decision-making.

The Managing Director has ultimate responsibility for ADIA's risk management, with assistance and advice from the Investment Committee, Strategy Committee, the EFD, Internal Audit Department and Legal Division.

The Investment Services Department was created in 2009 to bring together a number of existing risk, compliance and performance functions. Its responsibilities include providing centralised administrative support to investment departments, data monitoring and reporting, and ensuring the consistency of business and IT solutions, among other things.

We operate numerous risk-control mechanisms at a departmental level. For Market and Counterparty risks these include information systems capable of storing and evaluating a range of risk criteria or investment guidelines within each managed portfolio, together with relevant trading limits. These systems allow for both pre-trade and post-trade compliance checking.

Our operational-risk management is divided into four main categories:

Settlement Risk

ADIA's Operations Department is responsible for processing our trading and investment transactions. An operations control function within the department identifies operational-risk issues for immediate action. We use only approved brokers and counterparties for trading, and we segregate duties across key processing areas.

Business Continuity Risk

ADIA has a dedicated Business Continuity Management team which ensures that all departments adhere to the principles of the business continuity policy. This programme includes general awareness and education for staff and all levels of management and the development and regular review of business continuity plans across all of our functions.

Reputational Risk

We require all our employees to adhere to the ADIA Code of Ethics and Standards of Professional Conduct, which are designed to help manage potential conflicts of interest and cover several areas, including:

> Pre-approval of personal account trading

> Disclosure of outside business interests

> Disclosure of gifts or benefits received.

ADIA subjects employees to rigorous selection criteria, including background checks, to ensure they exhibit the highest standards of ethics, integrity and professional competence.

Regulatory Risk

ADIA's compliance officers, in-house lawyers and key staff from the Operations Department work closely with front-office departments to ensure we respond proactively to any changes in market regulations and legal requirements.

Relationship with the Government of Abu Dhabi

ADIA carries out its investment programme independently and without reference to the Government of the Emirate of Abu Dhabi or other entities that also invest on the Government's behalf. ADIA's Managing Director is vested under the law with responsibility for implementing ADIA's policy and the management of its affairs, including decisions related to investments, and acts as its legal representative in dealings with third parties.

ADIA is not involved with nor has any visibility on matters relating to the spending requirements of the Government of the Emirate of Abu Dhabi, nor are ADIA's assets classified as international reserves.

Source of funds and fund withdrawals

On a periodic basis, the Government of Abu Dhabi provides us with funds that are surplus to its budgetary requirements and other funding commitments.

General approach to withdrawals

ADIA is required to make available to the Government of Abu Dhabi, as needed, the financial resources to secure and maintain the future welfare of the Emirate. In practice, such withdrawals have occurred infrequently and usually during periods of extreme or prolonged weakness in commodity prices.

We manage our portfolio in such a way as to ensure it holds a sufficient level of short-term liquidity to meet anticipated funding requests from the Government, thus minimising the need to liquidate other investments

Source of funds from the Government of Abu Dhabi

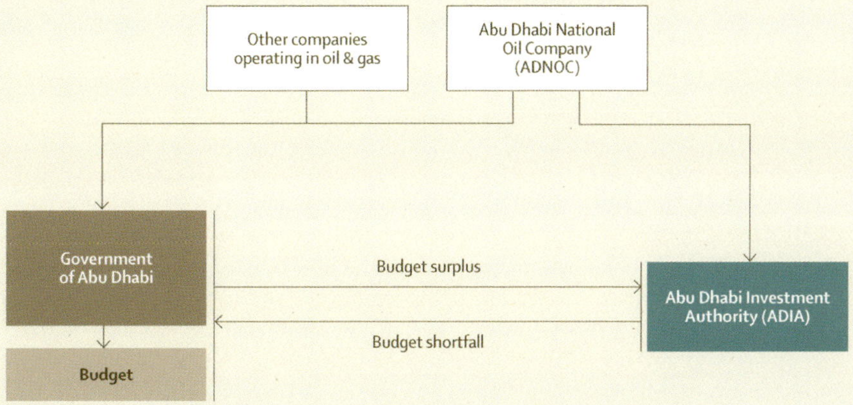

Governance

ADIA has well-established governance standards with clearly-defined policies, processes and systems that we have developed over many years to ensure robust accountability. ADIA's Board of Directors comprises a Chairman and Managing Director who, together with other Board members, are appointed by a decree of the Ruler of the Emirate.

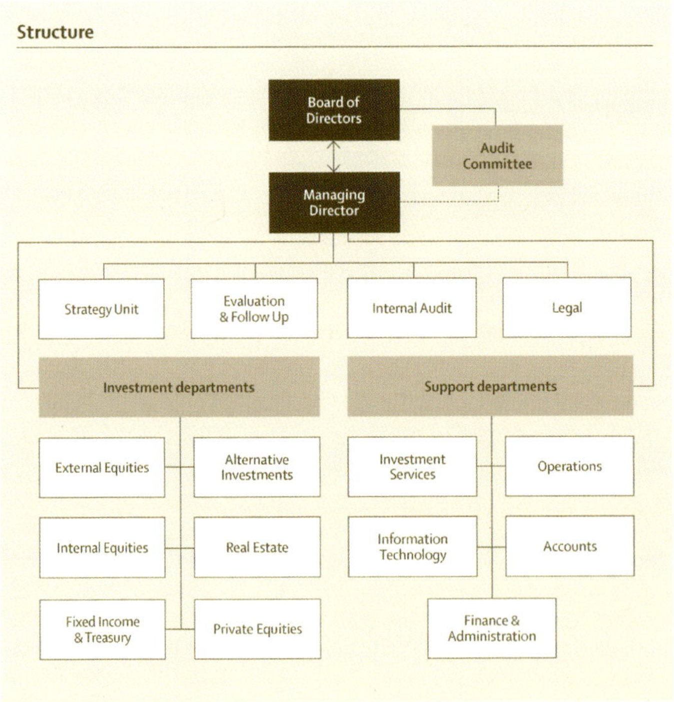

The Board holds primary responsibility for the implementation of ADIA's strategy in accordance with Law (5) of 1981 of the Emirate of Abu Dhabi. It also oversees ADIA's financial performance and the activities of management. The Board does not involve itself in ADIA's investment and operational decisions, for which the Managing Director is responsible under the law.

The Investment Committee assists the Managing Director. It reviews and makes recommendations on investment proposals originated by the investing departments. The Investment Committee comprises the Managing Director as its Chairman, in addition to senior executives from across ADIA's investment and support departments.

A number of advisory committees and departments support the Investment Committee, including:

> the Strategy Committee advises on ADIA's overall investment strategy, based on the Strategy Unit's recommendations;

> the Guidelines Committee formulates and advises on investment guidelines for individual investment departments in accordance with our investment strategy.

> The EFD provides independent analysis and advice on investment proposals received from the investing departments, and evaluates the performance of ADIA's internally and externally managed assets.

Meanwhile, the Management Committee is responsible for overseeing non-investment related issues, and reports to the Managing Director.

Voting

ADIA does not seek to manage, or be represented on the boards of, the companies in which we invest. In practice, this means that we usually abstain from exercising our voting rights, except in certain circumstances to protect ADIA's financial interests or to oppose motions that may be detrimental to shareholders as a body.

Committees

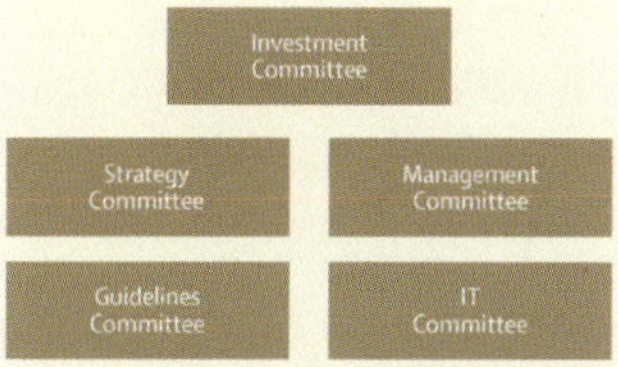

The Investment Committee comprises the Managing Director as its Chairman, in addition to senior executives from across ADIA's investment and support departments.

Financial information

We prepare our financial information, including rates of return calculations, using accounting policies that are considered appropriate to ADIA's situation. These policies are aligned to International Financial Reporting Standards and we apply them consistently.

Auditing practices

The Internal Audit Department assists senior management in their oversight, management and operating responsibilities, by providing internal audits and consultations. The overall goal is to ensure that ADIA's assets are safeguarded at all times. The Internal Audit Department reports to the Managing Director.

The Internal Audit Department is primarily a review function which:

> Independently evaluates ADIA's internal control systems to ensure they adequately safeguard our assets, activities and interests, and reviews them regularly to ensure they are both efficient and effective;

> Provides an additional layer of security to ensure all transactions are undertaken in accordance with our policies and procedures.

ADIA's Board of Directors has established an Audit Committee, which appoints two external audit firms to act jointly to audit ADIA's annual accounts, as prepared by our Accounts Department. Both the Internal Audit Department and our external auditors report their findings to the Audit Committee.

Our investment strategy requires a careful balance between discipline and execution: discipline to ensure the portfolio remains closely aligned with our long-term vision; and flexibility to react to major changes ahead of long-term trends, such as our decision to begin investing in alternatives as early as 1986 and in private equity in 1989.

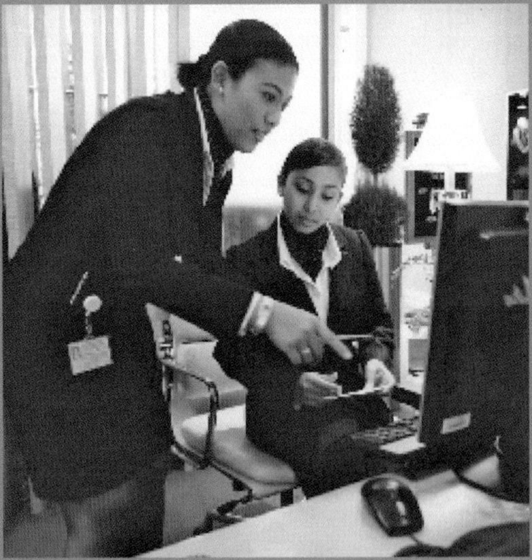

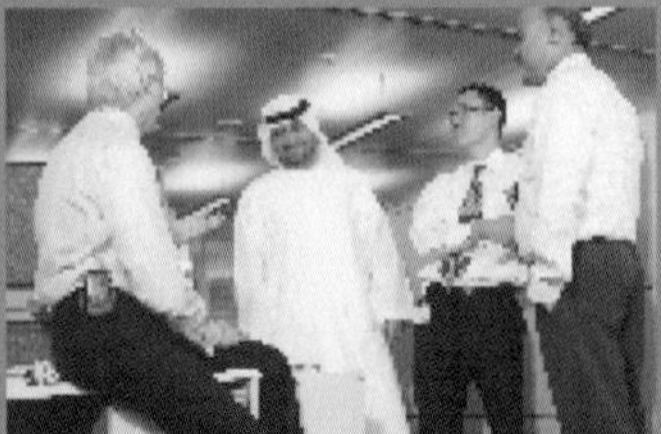

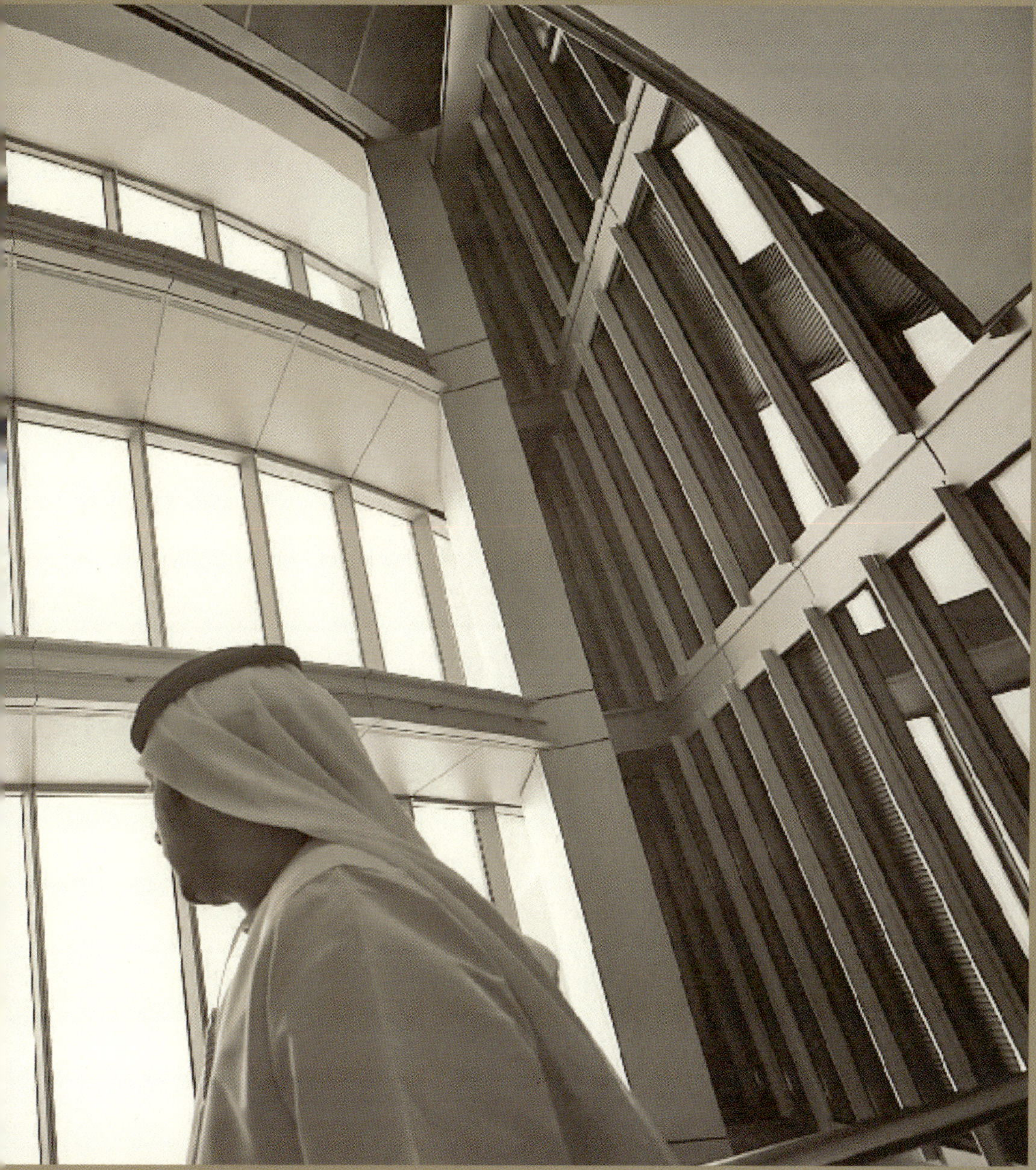

"Educating the individual is this country's most valuable investment. It represents the foundation for progress and development."

Sheikh Zayed bin Sultan Al Nehayan, founding president of the UAE

People

We are proud of ADIA's heritage and conscious of the important role we play as a guardian of Abu Dhabi's financial security. We attach the highest importance to identifying and nurturing both "home grown" and international talent to underpin our continued, long-term success.

Our workforce is as global as our investments, with UAE nationals making up around 30% of the total and the remainder divided between a further 40 nationalities. We believe in having a balanced mix of senior managers who have been with ADIA over many years, top international talent from some of the world's most respected financial institutions, and a steady influx of bright new recruits sourced from local and international universities.

Our compensation philosophy focuses on rewarding people based on various factors that may include beating return targets but also their broader contribution to the organisation as a whole.

ADIA employees by nationality (1,200)

UAE	31%
Asia	36%
Middle East and Africa	11%
Europe	12%
Americas	8%
Australia and New Zealand	2%

Culture

Securing and maintaining the future welfare of the Emirate of Abu Dhabi has been our mission since 1976. We honour our employees' commitment to this mission by providing a stimulating work environment and opportunities to develop their skills in order to build a rewarding, long-term career.

Our mission is embodied in the way we work - our ADIA culture. ADIA benefits from being a truly multicultural workplace where many nationalities combine to create a business environment focused on prudent innovation, disciplined execution and effective collaboration.

Recruitment

ADIA plays a key role in developing future leaders, both to drive its own success and that of the Emirate. We work closely with local universities to select top graduates with an interest in global-finance careers. ADIA also offers a small number of scholarships each year at international universities for students who meet strict academic criteria and who we see as potential leaders of the future. In addition, we receive a large number of applications, which we carefully screen, and employ recruitment agencies around the world to attract people with the skills and experience for specific roles, and who we believe will thrive in ADIA's culture.

Before they join ADIA, we put all potential recruits through an assessment programme that looks at their problem solving ability, vocational interests and behavioural qualities, among other areas.

This ensures we attract people who will flourish in their jobs and who can build successful careers at ADIA. As a result, we have a staff turnover rate of just 6%.

Training

ADIA has a diverse and extensive range of employee-training programmes that are tailored according to each department's goals and needs. We have world-class training facilities on site and regularly invite international experts and other speakers.

ADIA is proud to employ the highest number of chartered financial analysts (CFA) of any organisation in the UAE. In addition to 80 charter-holders - who have passed all three levels of the CFA qualification - we also have a further 57 employees who have passed at least Level 1.

CFA Qualifications

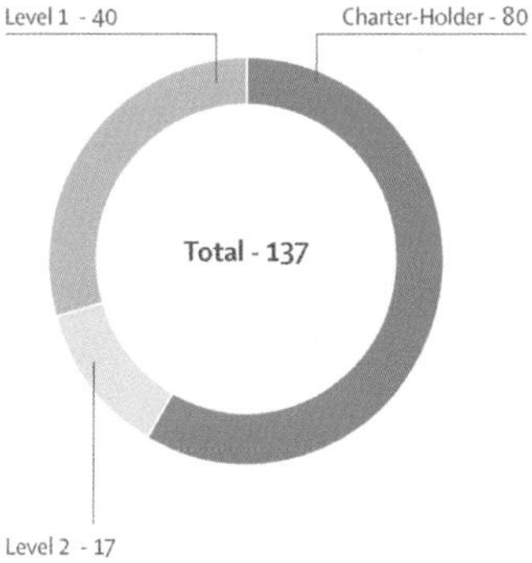

Board of Directors

H.H. Sheikh Khalifa bin Zayed Al Nehayan **Chairman**

H.H. Sheikh Mohammed bin Zayed Al Nehayan

H.H. Sheikh Sultan bin Zayed Al Nehayan	1
H.H. Sheikh Ahmed bin Zayed Al Nehayan **Managing Director**	2
H.H. Sheikh Mansour bin Zayed Al Nehayan	3
H.H. Sheikh Mohammed bin Khalifa bin Zayed Al Nehayan	4
H.E. Mohammed Habroush Al Suwaidi	5
H.E. Dr. Jua'an Salim Al Dhaheri	6
H.E. Hamad Mohammed Al Hurr Al Suwaidi	7
H.E. Khalil Mohammed Sharif Foulathi	8

1

2

3

4

5

6

7

8

Investment Committee

H.H. Sheikh Ahmed bin Zayed Al Nehayan **Board Member, Managing Director** (Chairman)	1
H.H. Sheikh Mohammed bin Khalifa bin Zayed Al Nehayan **Board Member, Executive Director, External Funds Europe**	2
Dr. Jua'an Salem Al Dhaheri **Board Member** (Deputy Chairman)	3
Hamad Mohammed Al Hurr Al Suwaidi **Board Member**	4
Khalil Mohammed Sharif Foulathi **Board Member, Executive Director, Fixed Income and Treasury**	5
Saeed Mubarak Rashed Al Hajeri **Executive Director, Emerging Markets**	6
Juma Khamis Mugheer Al Khalili **Executive Director, Equities Far East**	7
Mohammed bin Humooda bin Ali **Executive Director, External Funds America**	8
Majed Salem Khalifa Al Romaithi **Executive Director, Real Estate**	9
Khalifa Nasser Huwaileel Al Mansouri **Executive Director, Accounts**	10
Hamad Salem Kardous Al Ameri **Executive Director, Alternative Investments**	11
Mohamed Darwish Mohamed Al Khouri **Executive Director, Internal Equities**	12
Hareb Al Darmaki **Executive Director, Private Equities**	13

12 9 11 5 10 1 2 4 13 6 8 3 7

Contact details

Abu Dhabi Investment Authority
211 Corniche, PO Box 3600
Abu Dhabi, United Arab Emirates

Phone +971 2 415 0000
Fax +971 2 415 1000
Web www.adia.ae

Open to view 'Our history'

Our history

World events

1971
- Indo-Pakistan War begins.
- Apollo 15 lands on the moon; first use of Lunar Rover.
- Bahrain declares its independence from Britain.

1981
- Mohamed Hosni Mubarak becomes president of Egypt.
- Voyager 2 reaches Saturn.

1985
- Mikhail Gorbachev elected by the Politburo as General Secretary of the Communist Party of the U.S.S.R.
- Hole in the Ozone layer discovered.

1989
- In response to massive protests, the East German government allows East Berliners to cross into West Berlin. The dismantling of the Berlin Wall begins shortly after.

1990
- Iraq invades Kuwait.

1991
- Attem coup i Russia

ADIA

1967
Creation of Abu Dhabi's "Financial Investments Board" under the Department of Finance (Mandate given to UBS, Robert Fleming, Morgan Guarantee Trust and Indosuez).

1976
Decision to separate ADIA from the government as an independent organisation; Created the following departments: Equities and Bonds, Treasury, Finance and Administration, Real Estate, local and Arab investments.

1986
Started investing in alternative strategies.

1987
Equities and Bonds departments became regional (North America, Europe and Far East).

1988
Number of employees exceeds 500 mark.

1989
Started investing in private equity.

Financial events

1973
- Oil crisis - Oil prices soared, causing the 1973–1974 stock market crash.

1980
- Latin American debt crisis, beginning in Mexico.

1987
- Global - Black Monday. The largest one-day percentage decline in stock market history.

1976

Decision to separate ADIA from the government as an independent organisation.

2008

ADIA appointed co-Chair with IMF of International Working Group of Sovereign Wealth Funds.

1995
> Dayton Agreement ends Bosnian War and confirms Bosnian independence.

1998
> Decline in commodity prices triggers financial crisis in Russia and discredits the government of President Boris Yeltsin.

2002
> U.N. Security Council passes resolution demanding that Iraq disarm.

2008
> Democratic candidate Barack Obama elected to be 44th President of the United States.

93
rted formal asset
ocation process with
et of benchmarks
d guidelines; Bonds
ved from Equities
partment to Treasury
partment.

1998
Started investing in inflation-indexed bonds.

2005
Dedicated allocation to small caps within equities, and investment-grade credit within fixed income.

2007
Started investing in infrastructure sector; Moved into new headquarters.

2008
ADIA participates in the development of policy principles for international investments with the U.S. Department of the Treasury. ADIA appointed co-Chair with IMF of International Working Group of Sovereign Wealth Funds.

2009
Creation of Investment Services Department; Founding member of the International Forum of Sovereign Wealth Funds (IFSWF).

92-3
ack Wednesday
Speculative attacks
n currencies in the
uropean Exchange
ate Mechanism.

1997
> Asian Financial Crisis – Devaluations and banking crises across Asia.

2000
> Internet bubble bursts.

2002
> New York - Dow saw its second-biggest gain ever. Dow Jones index added 488.95 points to 8,191.29. The buying was spurred by the arrest of offenders in Adelphia scandal.

2008
> Global Financial Crisis – Central banks and policymakers around the world announce unprecedented stimulus packages in an effort to restore liquidity and stabilise the financial system.

2009
> USA - US budget deficit at $1 trillion The deficit has moved above $1 trillion for the first time - with three months of the financial year remaining, official data show.
> Elsewhere: IMF: Global economy worst in 60 years.

www.adia.ae

حكومة أبوظبي
THE GOVERNMENT OF ABU DHABI

The Abu Dhabi
Economic Vision 2030

This document is developed by:

الأمانة العامة للمجلس التنفيذي
General Secretariat Of The Executive Council

Department Of Planning & Economy
دائرة التخطيط والاقتصاد
ABU DHABI

مجلس أبوظبي للتطوير الاقتصادي
ABU DHABI COUNCIL FOR ECONOMIC DEVELOPMENT

حكومة أبوظبي
THE GOVERNMENT OF ABU DHABI

The Abu Dhabi
Economic Vision 2030

His Highness Sheikh Khalifa bin Zayed Al Nahyan
President of the United Arab Emirates and Ruler of Abu Dhabi

Summary of Mandate

In 2006, His Highness Sheikh Mohamed bin Zayed Al Nahyan, Crown Prince of Abu Dhabi and Chairman of the Executive Council, mandated the General Secretariat of the Executive Council, the Abu Dhabi Council for Economic Development and the Department of Planning and Economy to develop a long-term economic vision for the Emirate. This mandate was given in order to deliver upon the vision of His Highness Sheikh Khalifa bin Zayed Al Nahyan, President of the UAE, Ruler of Abu Dhabi, for the ongoing economic success of Abu Dhabi.

The expectation was the creation of a long-term roadmap for economic progress for the Emirate through the establishment of a common framework aligning all policies and plans and fully engaging the private sector in their implementation.

The initiative builds upon the foundations set by the Abu Dhabi Policy Agenda 2007/2008 and was produced by a taskforce joining stakeholders from the public sector and private sector. The taskforce received extensive expert support from internationally renowned institutions. This taskforce was mandated with two key tasks:

1. To conduct an exhaustive assessment of the key enablers for economic growth,

2. To create a comprehensive long-term economic vision, with explicit targets, to guide the evolution of the Abu Dhabi economy through to the year 2030.

The year 2030 represents an important milestone for the Emirate of Abu Dhabi. Baseline growth assumptions reveal that Abu Dhabi could achieve tangible levels of economic diversification by that time.

This document therefore contains the "Abu Dhabi Economic Vision 2030" and associated targets, prepared by the Economic Vision Taskforce and approved by the Abu Dhabi Executive Council.

November 2008

Table of Contents

Summary of Mandate 1
Table of Contents 2

Context and Executive Summary 5

The Vision 17
Required Policy Priorities; Areas of Policy Focus and Associated Objectives

Section One 23
Abu Dhabi's Economic Policy Priorities

1. Building a Sustainable Economy 24
2. Ensuring a Balanced Social and Regional Economic Development approach that Brings Benefits to All 35

Section Two 45
Abu Dhabi's Seven Areas of Ongoing Economic Policy Focus

1. Build an Open, Efficient, Effective and Globally Integrated Business Environment 46
2. Adopting Disciplined Fiscal Policies that are Responsive to Economic Cycles 56
3. Establish a Resilient Monetary and Financial Market Environment with Manageable Levels of Inflation 62
4. Drive Significant Improvement in the Efficiency of the Labour Market 73
5. Develop a Sufficient and Resilient Infrastructure Capable of Supporting Anticipated Economic Growth 78
6. Developing a Highly Skilled, Highly Productive Workforce 91
7. Enable Financial Markets to Become the Key Financiers of Economic Sectors and Projects 100

Section Three 113
Engines of Abu Dhabi's Future Economic Growth

Section Four 123
Measures of Success

Section Five 137
Delivering the Abu Dhabi 2030 Economic Vision

Acknowledgements 138

Context and Executive Summary

The Abu Dhabi Economic Vision 2030

Context and Executive Summary

Based on the principles laid out in the Government's Policy Agenda published in August 2007, the Abu Dhabi Economic Vision 2030 is a roadmap for the Emirate's economic progress.

Seeking to ensure the continued success of the Emirate's development, the Government of Abu Dhabi has set guidelines and priorities for the Emirate's socio-economic progress in its Policy Agenda. Taking these guidelines as its parameters, the Abu Dhabi Economic Vision 2030 has been developed by the Government, in consultation with the private sector, as a 22-year strategy to achieve these aims, and to ensure that all stakeholders in the economy are moving in concert, with a clear view of the long-term goals.

The Abu Dhabi Policy Agenda 2007/2008 defines the priorities for public policy in the Emirate. These priorities have been set to achieve what the Government of Abu Dhabi sees as its primary goals: a safe and secure society and a dynamic, open economy.

The Government has identified nine pillars that will form the architecture of the Emirate's social, political and economic future:

- A large empowered private sector
- A sustainable knowledge-based economy
- An optimal, transparent regulatory environment
- A continuation of strong and diverse international relationships
- The optimisation of the Emirate's resources
- Premium education, healthcare and infrastructure assets
- Complete international and domestic security
- Maintaining Abu Dhabi's values, culture and heritage
- A significant and ongoing contribution to the federation of the UAE

Having established these pillars, the Government has committed itself to direct public policy to strengthen and develop them. This involves focusing on four key priority areas:

- Economic development
- Social and human resources development
- Infrastructure development and environmental sustainability
- Optimisation of Government operations.

Economic Development

Economic diversification is common and fundamental to the Government's other stated priority areas and the policy agenda as a whole. The Government wishes to see the creation of higher-value employment opportunities, especially for Nationals, and maximising participation of women in the workforce. To encourage investment and entrepreneurial activity, the Government plans to contribute to enhancing the business environment through further legislative reform and by ensuring that all economic policy is formulated with reference to rigorous data sources and statistical information. Enhancing the economy and business climate will also help to integrate Abu Dhabi further into the global economy by attracting foreign as well as local investment, and by facilitating export of capital through targeted investments with international partners.

Pillars of the Abu Dhabi Policy Agenda Vision

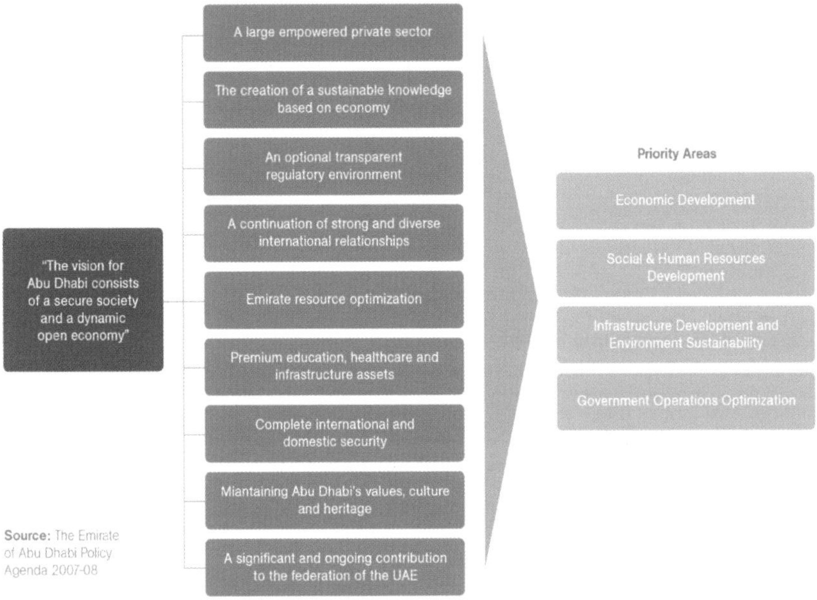
"The vision for Abu Dhabi consists of a secure society and a dynamic open economy"
A large empowered private sector
The creation of a sustainable knowledge based on economy
An optional transparent regulatory environment
A continuation of strong and diverse international relationships
Emirate resource optimization
Premium education, healthcare and infrastructure assets
Complete international and domestic security
Miantaining Abu Dhabi's values, culture and heritage
A significant and ongoing contribution to the federation of the UAE
Priority Areas
Economic Development
Social & Human Resources Development
Infrastructure Development and Environment Sustainability
Government Operations Optimization

Source: The Emirate of Abu Dhabi Policy Agenda 2007-08

Abu Dhabi government's Policy Agenda is built around nine pillars that are meant to shape the Emirate's future.

Social and Human Resources Development

According to the Policy Agenda, social and human development represents the pre-eminent objective and driving motivation behind all policies and initiatives. Ensuring that high quality education and health services are available to residents is therefore of the highest priority. When it comes to developing the workforce, the Government aims to ensure the availability of a stable supply of high quality labour to staff the economy, and especially to encourage full employment among Nationals. At the same time, Abu Dhabi wishes to maintain ethical and safe management of its labour resources, through the thorough implementation of Federal labour laws and the meeting of commitments made through the UAE's signature of international labour arrangements.

Infrastructure Development and Environmental Sustainability

Developing appropriate infrastructure, while preserving the environment, forms the third priority area. The Government will ensure the development of a professionally designed and well-managed urban environment in the Emirate's towns and cities, complete with world-class traffic and transport systems. The simultaneous development of the Regions to keep pace with that of the Capital is also an important policy priority in order to achieve an Emirate-wide distribution of economic activity and associated benefits. For its part, the Government will also ensure that Abu Dhabi's security is maintained and that its towns and cities remain a safe place in which to live and work. In order to ensure that the urban infrastructure is able to cope with the envisioned growth without stresses, the Emirate has already developed and published a comprehensive 2030 urban structure framework plan for the Capital. The initiative will be expanded to cover all the regions of the Emirate.

Optimisation of Government Operations

Finally, the Policy Agenda sets out guidelines for optimising the Government's own role in the future of the Emirate, by improving the efficiency and accountability of government departments. The Government has already embarked on an extensive review of its processes and structures. Many services are being delivered electronically through e-government initiatives, and departments are being streamlined and non-core services outsourced to the private sector. These initiatives will be continued and enhanced. At the same time, the Government will review and enhance the legislative framework and the law-making processes themselves to ensure maximum efficiency.

Economic Vision Imperatives

The Abu Dhabi Policy Agenda has a heavy emphasis on the economy and on ensuring the economic wellbeing of all of Abu Dhabi's citizens and residents. This Agenda came in response to a number of opportunities and challenges facing Abu Dhabi.

The Emirate's drive for a more sustainable and diversified economy is intended to reduce the relatively high dependence on oil and the cyclical swings which accompany it. Moreover, the young National population presents the opportunity, as well as the challenge, to create attractive, high value-added employment opportunities for the emerging generation. The drive for diversification as well as the challenge of a burgeoning population delivers a greater need for Abu Dhabi to upgrade the quality of its education system, and to increase the educational attainment rates of Nationals and the overall workforce to move the economy up the value chain. Moreover, a better educated workforce will be a key enabler to address the relatively low productivity rates found in much of the Emirate's enterprise base.

Faced with the prospects of a more globalised economy, the Emirate can rely on its established network of international relationships and friendships to respond to the many challenges of increasing globalisation. Moreover Abu Dhabi's geo-political status can help the Emirate to respond to the pace of technological change and harness the capabilities of research and development for future competitiveness. However, in order to unlock the potential of these relationships, Abu Dhabi needs to achieve higher global rankings in terms of global competitiveness and ease of doing business. Moreover, the Emirate's business environment needs to become better equipped to understand and benefit from new business models and to participate in the global growth of trade in services and the servicisation of many manufactured products. This should be coupled with an effective programme to stimulate research and development, and local innovation, and to facilitate the integration with global innovation centres.

The Abu Dhabi Economic Vision 2030 Taskforce

This Abu Dhabi Economic Vision 2030 is the result of a concerted effort between a number of public sector and joint public-private sector entities. In particular, three entities have played an important role in the development of this Vision:

- The Department of Planning and Economy
- The Abu Dhabi Council for Economic Development (ADCED)
- The General Secretariat of the Executive Council

The Department of Planning and Economy: The Department is charged with providing for a dynamic, open and successful economy. In what is an evolving and new role, the Department is expected to become more of a policy maker, facilitator and monitor. To that end, it is undergoing a major transformation in order to build the required capabilities. The setup of a world-class statistics bureau is one of the key initiatives being undertaken in order to provide for fact-based decision making and policy formulation.

Abu Dhabi Council for Economic Development (ADCED):
The Government established ADCED as a joint public-private advisory body to support the Department of Planning and Economy in developing a comprehensive economic strategy that will fulfil the Emirate's economic needs and work towards the realisation of the goals laid out in the Government's Policy Agenda. ADCED is uniquely placed to participate in the development of such a strategy. Its Board consists of members of both the Government and the private sector, including representatives from the Department of Planning and Economy, the Abu Dhabi Chamber of Commerce and Industry (ADCCI) and foreign and domestic business councils.

This joint public-private structure for economic policy advice therefore includes representatives of all the major stakeholders in the economy and, as a result ADCED plays an important role in creating an open channel for collaboration on economic matters. ADCED is organised into four Board committees: Economy and Trade Committee, Social Development Committee, Construction and Infrastructure Committee, and Business Environment Committee.

General Secretariat of the Executive Council:
Among its many tasks, the General Secretariat is responsible for coordinating the development of departmental strategic plans across all Government entities and for establishing an effective performance management system. The General Secretariat will play a key role in the coming phases to ensure that the Government-wide and departmental strategic plans are congruent with the targets set in the Abu Dhabi Economic Vision and the subsequent economic strategies.

Objectives and Framework

The Abu Dhabi Economic Vision 2030 sets out to establish the current economic environment and identify key areas for improvement in order to achieve the goals laid out in the Policy Agenda.

First, the current state of the economy has been ascertained through an analysis of macro-economic data. The Abu Dhabi Economic Vision 2030 examines which sectors and which types of enterprise are contributing most to economic output and growth, and in which regions most growth is taking place. Various opportunities are identified within these areas in order to bring about the desired economic diversification, sustainability and distribution throughout the regions.

Second, the Abu Dhabi Economic Vision 2030 examines the current business environment and identifies key strengths that can be enhanced and areas that might be improved to further the economic and competitive potential of the Emirate against its existing peers and international benchmarks. In particular, the Abu Dhabi Economic Vision 2030 looks at business legislation, labour policy, fiscal policy and monetary policy as key regulatory and policy levers that can be manipulated to improve the overall business environment.

Finally, the Abu Dhabi Economic Vision 2030 takes into account the Emirate's resources and the steps that need to be taken to ensure these can accommodate future economic growth. Infrastructure, including energy, transport and ICT, is a key area that requires continued investment to provide for a growing population and increased economic activity. The development of human capital and the workforce is another key area that is vital to the long-term success of the Emirate's economy. Ensuring that financial capital can be safely and confidently employed is also central to developing and expanding the economy.

Within each of its sections, the Abu Dhabi Economic Vision 2030 sets out long-term targets and goals and the processes by which the Emirate can attain them. The final result is a comprehensive roadmap for the economic direction of the Emirate, a clear set of goals and the path to attainment, and a set of measures by which the Emirate can judge its progress.

Approach

The Abu Dhabi Economic Vision 2030 is the result of an inclusive and cooperative approach, designed to ensure a strategy that is realistic, based on measurable trends and reflective of the aspirations of stakeholders in the Emirate's economy.

Thorough and rigorous analysis of Abu Dhabi's economic performance to date has been carried out to ensure that the strategy is not based on false assumptions. Interviews with key individuals within both the public and private sectors have been vital to ascertaining the expectations and aspirations of stakeholders.

In parallel to the internal assessment, three benchmark countries were selected for key economic characteristics relevant to Abu Dhabi and for their success in establishing successful economic development models.

- Norway, which has comparable oil outputs to Abu Dhabi, presents a case of interest in channelling oil revenues for local economic development, nurturing a well-diversified economy and maintaining disciplined fiscal policies
- Ireland, the success of which in developing a diversified knowledge-based economy and experience in investment attraction is relevant to Abu Dhabi's drive for diversification.

Framework for the Abu Dhabi Economic Vision 2030

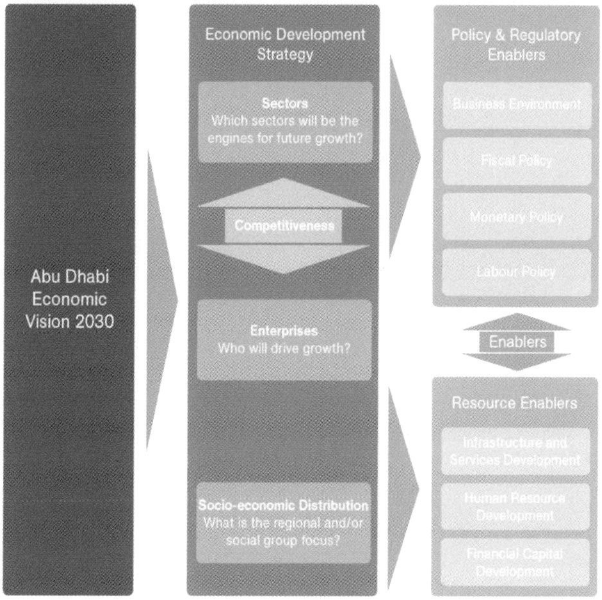

Source: Abu Dhabi Economic Vision 2030 Team Analysis

The Abu Dhabi Economic Vision 2030 was designed with advice and opinion from development experts in Norway, Ireland and New Zealand.

- New Zealand, the success of which in developing a relatively large export base is also of interest for Abu Dhabi

Advice and opinion have been sought from economic development experts in each of these countries whose exemplary path of economic transformation Abu Dhabi wishes to emulate. They include representatives of Innovation Norway (IN), International Development Ireland (IDI), and New Zealand Trade and Enterprise (NZTE).

Leading International Status

Abu Dhabi is not just seeking to develop its economy. The aim is for the Emirate to take its place among the most successful economies of the world by 2030. The Abu Dhabi Government will judge the success of its economic performance against the performance of the most successful economies globally. In particular, it will look to benchmark against the experiences of flourishing 'transformation economies', such as Norway, Ireland, New Zealand and Singapore.

Long-term Targets and Five-Year Economic Development Strategies

The ultimate achievement of the Abu Dhabi Economic Vision 2030 is the identification of key priority areas for economic development and a realistic set of 22-year macroeconomic targets and socioeconomic goals. The Abu Dhabi Economic Vision 2030 sets targets for the Government as well as outlining the intended strategy for economic development, identifying key resources to be developed and core policy reforms to be implemented.

It also sets out the key measures of success by which the Emirate can be held to account and have its performance judged in relation to its peers. The next phase will be to translate this long-term strategy into five-year economic plans to provide a more focused framework for economic policy in the medium term, and a more regular assessment period to judge the Emirate's progress and enable the necessary adjustments to be made. The economic strategies will be linked to the overall Government and Departmental strategies coordinated through the Abu Dhabi Executive Council General Secretariat.

The Abu Dhabi Economic Vision 2030 wil eventually be split up into five-year programs.

Highlights of the Abu Dhabi Economic Vision 2030

The Abu Dhabi Economic Vision 2030 aims to achieve effective economic transformation of the Emirate's economic base and bring about global integration and enduring benefits to all. Abu Dhabi has a core commitment to build a sustainable and diversified, high value-added economy by 2030.

This will be achieved by broadening the sectors of economic activity, enlarging the enterprise base, and growing external markets. Furthermore, Abu Dhabi will also continuously enhance competitiveness and improve productivity. Delivering on such commitments will be translated, according to base case growth scenarios, into entrenched sustainable development and significant levels of economic diversification by 2030.

Moreover, to ensure that social and regional development equitably reaches the whole of society, Abu Dhabi will equip its youth to enter the workforce and maximise the participation of women, particularly Nationals, from across the Emirate. Abu Dhabi will also continue to attract a skilled workforce from abroad, and to stimulate faster economic growth in regional areas.

To achieve the Emirate's ambitious economic aspirations, the regulatory and legislative environment must be optimised, importing best practices from around the world and applying them within the local context. Various resources, from infrastructure to human and financial capital, must also be provided as a platform on which the economy can be built. Together, these will constitute the roots of the future economy and the climate in which it can thrive.

Abu Dhabi will therefore build an open, efficient, effective and globally integrated business environment, streamlining government processes and facilitating business and investment. It will also significantly improve the efficiency of the labour market and adopt both a fiscal policy that is responsive to economic cycles and a safe monetary and financial system with manageable levels of inflation.

When it comes to the Emirate's resources, infrastructure will be further developed, with a focus on utilities, transport and ICT. Human capital will be enhanced through the improvement of education, training, and other methods to improve both the employability of Nationals and the productivity and competitiveness of the workforce in general. Finally, financial markets will be encouraged and further developed in such a way to become the key financiers of economic sectors, industries, and projects. An enabled economy will lead the way towards sustainable development and growth, which will be achieved, in the context of Abu Dhabi, through the effective expansion of a number of strategic economic sectors. These sectors are expected to form the Emirate's engines of economic growth and diversification:

- Energy – Oil & Gas
- Petrochemicals
- Metals

Target Abu Dhabi Real GDP In Real 2005 USD Billion (2005-2030T (*))

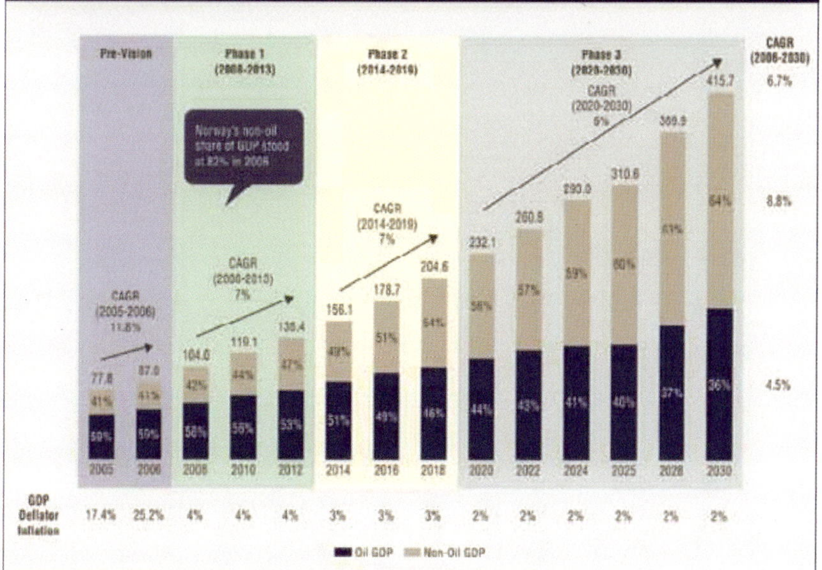

(*) T, hereinafter, refers to targeted years that fall within the scope of the Abu Dhabi Economic Vision 2030
Source: Abu Dhabi Statistical Yearbook 2005; Abu Dhabi Economic Vision 2030 Team Analysis

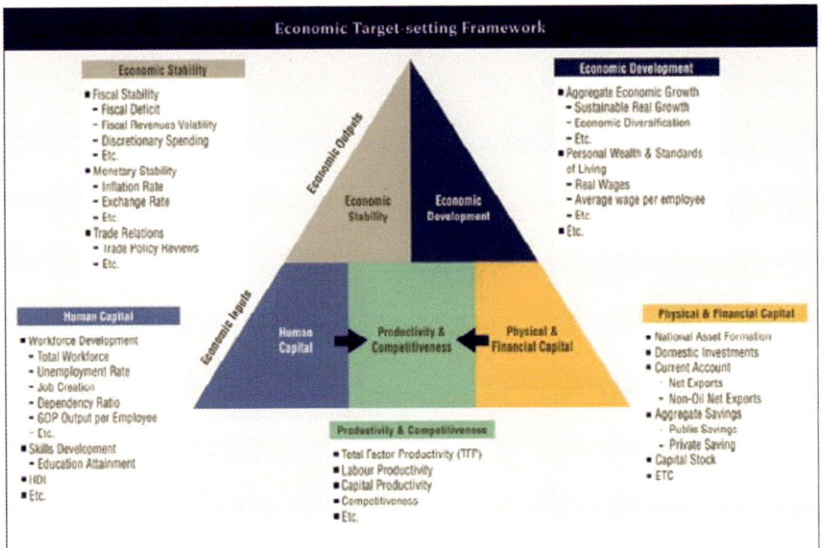

Source: Abu Dhabi Economic Vision 2030 Team Analysis

- Aviation, Aerospace, & Defence
- Pharmaceuticals, Biotechnology, & Life Sciences
- Tourism
- Healthcare Equipment & Services
- Transportation, Trade, & Logistics
- Education
- Media
- Financial Services
- Telecommunication Services

The realisation of Abu Dhabi's economic aspirations will be guided by a holistic set of measurable and ambitious targets. Abu Dhabi wishes to drive development to new highs, while at the same time ensuring economic stability. The need to safeguard the economy is vital to continue growing in a stable and sustainable manner. Through the harnessing of a combination of human, physical, and financial capital, Abu Dhabi will be able to generate the productivity and competitiveness it needs to drive economic growth forward. With these key factors operating in harmony, the twin targets of economic development and stability will be met.

The targets Abu Dhabi seeks to meet will only be met and potentially exceeded if all stakeholders in Abu Dhabi strive together to achieve them. Economic development will involve the averaging of growth at 7% through to 2015, and thereafter at 6%. These growth rates will mean that Abu Dhabi will grow at a faster, yet still sustainable, rate than its chosen benchmark countries.

Within overall growth and as part of efforts to diversify, Abu Dhabi will seek to foster non-oil GDP growth at a higher rate than that of the oil sector. The aim is to reach equilibrium in non-oil trade by 2028, thus demonstrating the ability to instil extra depth within the structure of the economy. Economic stability will also be a prime consideration, with the non-oil fiscal deficit set to fall significantly over the target period, while at the same time installing policies that will keep inflation in check to ensure it does not negate the benefits of growth.

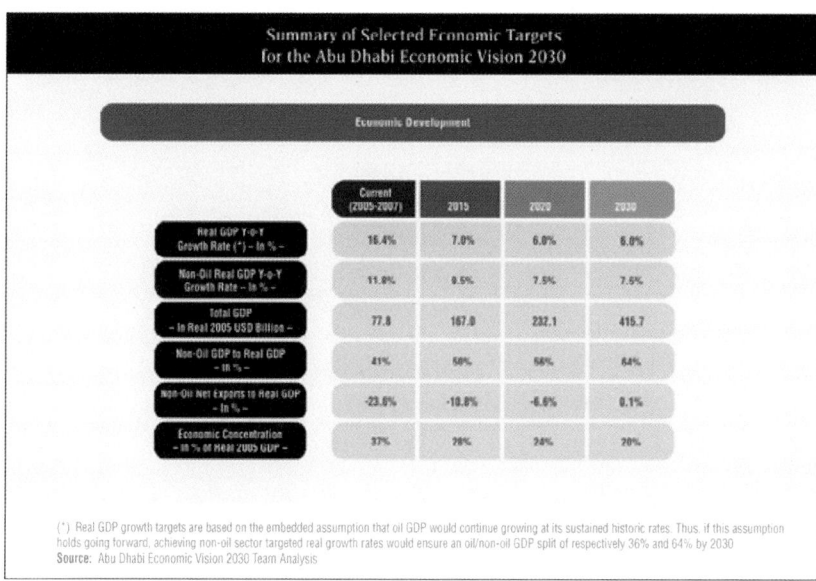

Summary of Selected Economic Targets for the Abu Dhabi Economic Vision 2030

Economic Development

	Current (2005-2007)	2015	2020	2030
Real GDP Y-o-Y Growth Rate (*) – In % –	16.4%	7.0%	6.0%	6.0%
Non-Oil Real GDP Y-o-Y Growth Rate – In % –	11.0%	9.5%	7.5%	7.5%
Total GDP – In Real 2005 USD Billion –	77.8	167.0	232.1	415.7
Non-Oil GDP to Real GDP – In % –	41%	50%	56%	64%
Non-Oil Net Exports to Real GDP – In % –	-23.6%	-10.8%	-6.6%	0.1%
Economic Concentration – In % of Real 2005 GDP –	37%	28%	24%	20%

(*) Real GDP growth targets are based on the embedded assumption that oil GDP would continue growing at its sustained historic rates. Thus, if this assumption holds going forward, achieving non-oil sector targeted real growth rates would ensure an oil/non-oil GDP split of respectively 36% and 64% by 2030

Source: Abu Dhabi Economic Vision 2030 Team Analysis

On the human capital side, Abu Dhabi will reduce unemployment among the national population to 5%, effectively achieving full employment. Through such stable and realistic growth targets, the Government aims to increase GDP by more than five times by the year 2030. Even with the expected rise in population, this will result in a healthy growth in income and wealth for all those residing in the Emirate of Abu Dhabi.

Physical and financial capital would be further expanded. National asset formation, involving both exports and investments, should grow more than five-fold over the target period. This growth will be mirrored by the development of consistently high national savings levels from both the public and the private sectors.

All in all, reaching these ambitious targets will confirm and further enhance Abu Dhabi's status as a globally relevant destination. With its wealth and natural resources, Abu Dhabi can already claim a stake on such a title, yet this strength can be better asserted through improving business methods and economic competitiveness. Productivity and efficient business standards will further improve the reputation of Abu Dhabi, and in combination with the other targets being set for the Emirate at large, the Emirate should become a shining example on the international business stage.

임은모

경력

광고평론가
한국문화콘텐츠학회부회장
Al Ahmed Green Forum공동대표
한일마케팅포럼기획위원
한세대학교광고홍보과겸임교수역임

저서

『글로벌브랜드두바이』(2007), 『문화콘텐츠비즈니스론』(2003),
『디지털콘텐츠입문론』(2002), 『디지털콘텐츠게임개발론』(2002),
『짐클라크수익모델엿보기』(2001), 『취해도광고는바로간다』(1995),
『성공기업광고전략』(1992)

연재

<월간Pop Sign> 광고칼럼연재
<월간디지털콘텐츠> 콘텐츠개론연재

강연

"It's Abu Dhabi & Masdar"
'at a glance Masdar by글로벌그린마켓'
'글로벌마케팅과GCC 시장접근전략'
'탄소제로도시마스다르의도전'
'아부다비의힘'

논문

「광고전략에서케이스스터디영역과역할에관한연구」(1997)
「모바일콘텐츠에서기술적특성과게임프로듀싱에관한연구」(2000)

ADIA ANALYZE

아부다비 투자청 대해부

초판인쇄 | 2011년 1월 17일
초판발행 | 2011년 1월 17일

지 은 이 | 임은모
펴 낸 이 | 채종준
펴 낸 곳 | 한국학술정보(주)
주 소 | 경기도 파주시 교하읍 문발리 파주출판문화정보산업단지 513-5
전 화 | 031) 908-3181(대표)
팩 스 | 031) 908-3189
홈페이지 | http://ebook.kstudy.com
E-mail | 출판사업부 publish@kstudy.com
등 록 | 제일산-115호(2000. 6. 19)

ISBN 978-89-268-1795-7 03320 (Paper Book)
978-89-268-1796-4 08320 (e-Book)

이담 Books 는 한국학술정보(주)의 지식실용서 브랜드입니다.